Non avrai altro Dio all'infuori di me
spesso mi ha fatto pensare

La buona novella di Fabrizio De André, 50 anni dopo

Mario Bonanno

NON AVRAI ALTRO DIO ALL'INFUORI DI ME SPESSO MI HA FATTO PENSARE

Stampa Alternativa

GRANDE CONCERTO

Mario Bonanno
NON AVRAI ALTRO DIO ALL'INFUORI DI ME
SPESSO MI HA FATTO PENSARE

Grafica e impaginazione **Alberto Lameri**
Redazione **Luigi Marinoni**

Stampa Alternativa/Nuovi Equilibri s.r.l.
Strada Tuscanese km. 4,800
01100 Viterbo

ISBN 978-88-6222-668-4
www.stampalternativa.it
redazione@stampalternativa.it

Sommario

A Marzia:
la storia non è mai quella che ci raccontano.
Una promessa invece è una promessa.

Preludio

"Gesù di Nazareth secondo me
è stato ed è rimasto il più grande rivoluzionario
di tutti i tempi."
Fabrizio De André

Caro Faber,
da tanti anni canto con te, per dare voce agli ultimi, ai vinti, ai fragili, ai perdenti. Canto con te e con tanti ragazzi in Comunità.
Quanti Geordie o Miché, Marinella o Bocca di Rosa vivono accanto a me, nella mia città di mare che è anche la tua. Anch'io ogni giorno, come prete, "verso il vino e spezzo il pane per chi ha sete e fame". Tu, Faber, mi hai insegnato a distribuirlo, non solo tra le mura del Tempio, ma per le strade, nei vicoli più oscuri, nell'esclusione.
E ho scoperto con te, camminando in via del Campo, che "dai diamanti non nasce niente, dal letame nascono i fior".
La tua morte ci ha migliorati, Faber, come sa fare l'intelligenza.
Abbiamo riscoperto tutta la tua "antologia dell'amore", una profonda inquietudine dello spirito che coincide con l'aspirazione alla libertà.
E soprattutto, il tuo ricordo, le tue canzoni, ci stimolano ad andare avanti.
Caro Faber, tu non ci sei più ma restano gli emarginati, i pregiudizi, i diversi, restano l'ignoranza, l'arroganza, il potere, l'indifferenza.
La Comunità di San Benedetto ha aperto una porta in città. Nel 1971, mentre ascoltavamo il tuo album, *Tutti morimmo a stento*, in Comunità bussavano tanti personaggi derelitti e abbandonati: impiccati, migranti, tossicomani, suicidi, adolescenti traviate, bimbi impazziti per l'esplosione atomica.
Il tuo album ci lasciò una traccia indelebile. In quel tuo racconto crudo e dolente (che era ed è la nostra vita quotidiana) abbiamo intravisto una tenue parola di speranza, perché, come dicevi nella canzone, alla solitudine può seguire l'amore, come a ogni inverno segue la primavera ("Ma tu che vai, ma tu rimani / anche la neve morirà domani / l'amore ancora ci passerà vicino / nella stagione del biancospino", da *L'amore*, ndr).

È vero, Faber, di loro, degli esclusi, dei loro "occhi troppo belli", la mia Comunità si sente parte. Loro sanno essere i nostri occhi belli.
Caro Faber, grazie!
Ti abbiamo lasciato cantando *Storia di un impiegato*, *Canzone del Maggio*. Ci sembrano troppo attuali. Ti sentiamo oggi così vicino, così stretto a noi. Grazie.

E se credete ora
che tutto sia come prima
perché avete votato ancora
la sicurezza, la disciplina,
convinti di allontanare
la paura di cambiare
verremo ancora alle vostre porte
e grideremo ancora più forte
per quanto voi vi crediate assolti
siete per sempre coinvolti,
per quanto voi vi crediate assolti
siete per sempre coinvolti.

Caro Faber, parli all'uomo, amando l'uomo.
Stringi la mano al cuore e svegli il dubbio che Dio esista.
Grazie.

Le ragazze e i ragazzi con don Andrea Gallo, prete da marciapiede

L'aggettivo apocrifo, in greco, significa segreto, nascosto. Sembra che stesse ad indicare, fino al IV secolo d.C., alcuni scritti che qualche setta cristiana metteva a disposizione solo degli iniziati, non ritenendo che gli scritti fossero di facile comprensione per le masse.
Quando la Chiesa cominciò a distinguere in "ispirata e no" la letteratura su Cristo escluse quei testi apocrifi dal codice "canonico".
Per estensione vennero chiamati apocrifi tutti gli scritti esclusi dal codice, appartenessero o meno a quelle sette. Così apocrifo divenne sinonimo di "non veritiero", "falso", "non corretto".

Ci sono vangeli, bibbia, atti e lettere, sentenze e apocalissi apocrifi.
I vangeli apocrifi, in genere, vengono datati tra il I e il IV secolo d.C. Convenzionalmente portano il nome di apostoli o testimoni della vita di Cristo: Pietro, Nicodemo, Filippo, Giacomo, Tommaso, i quali parlano in prima persona o sono citati dal redattore del testo come fonte del racconto. Gli apocrifi sembrano colmare il vuoto dei quattro canonici (Marco, Matteo, Luca, Giovanni) sull'infanzia di Maria, la storia di Giuseppe, l'infanzia di Gesù e la storia di Erode e Pilato. Ma la differenza più affascinante è l'attenzione che gli autori mettono anche sulla natura "comunque" umana dei loro protagonisti; costoro, e il popolo che vive con loro, sembrano semidei di vario grado immersi in una meravigliosa e a volte anche troppo fantastica leggenda, costretti a viverla come umili e martoriati esseri umani in balia di questa unica commedia umana.
Pur essendo fuori della Chiesa gli apocrifi hanno lasciato una traccia ben profonda, dalle più piccole e radicate tradizioni: la grotta, l'asino e il bue, i nomi dei Magi e dei genitori di Maria, fino alle basi sulle quali poggia il dogma dell'Assunzione e la definizione "Madre di Dio". Queste e altre notizie hanno ricchezza di particolari e spesso unica citazione nei vangeli apocrifi. La loro storia è sotterranea. I "fedeli" cristiani non li conoscono, la Chiesa non li divulga, per secoli sono stati ignorati eppure Dante, Carpaccio, Tiziano, Michelangelo, Raffaello, Hugo, Bulgakov devono averli letti se hanno raccontato o dipinto scene che solo gli apocrifi contengono.
Il lavoro di questo disco nasce da una ricerca sugli apocrifi e sull'animo umano che li ha informati; nasce dalla necessità di divulgare e comunicare e dalla convinzione che l'argomento è lungi dall'essere superato: semmai, oggi, l'interesse si sposta, finalmente, dallo studioso alla gente, attraverso l'unico tramite ancora possibile, l'artista.

Fabrizio De André comincia il suo mestiere di autore con le canzoni di protesta, *La guerra di Piero*, *La ballata dell'eroe* (val la pena di chiamarle di protesta visto che nove anni fa la protesta non era di moda) e con stupende canzoni d'amore, *Bocca di rosa*, *Via del Campo*, *Marinella*.
La storia spesso fa da supporto, da pretesto per la polemica, per la satira, per l'umorismo su questo nostro "scostumato" mondo. Tra un verso e l'altro filtra l'ironia dell'uomo che ha bisogno di fede e fede non ha trovato. Il problema più che religioso è mistico e, fattosi primo tra gli altri, comincia

a cadenzare una sfiducia in tutto ciò che è mito ma non risolve, che è autorità ma non opera, che è volontà ma non vuole altri che se stessa. L'ironia, qualche volta, prende la piega acre del sarcasmo, la sfiducia scende di classe, corrode anche gli oppressi fino alla passività che è suicidio e De André scrive *Tutti morimmo a stento*, cantata sulla morte ma anche per la morte, certa, sicura, e tanto più amara se il vivere non è stato. *Tutti morimmo a stento* è un quieto dolore che finisce male, della rivolta non ci sono più neppure le radici, rimangono due invocazioni e un atto di accusa che sembra una preghiera. Solo la morte ha ragioni per vivere: ha la coscienza di essere stata chiamata.

La buona novella è il grado più alto di questa illusione-disillusione-sfiducia. Ne è l'emblema, addirittura. Comincia con una favola, una leggenda: un "c'era una volta" che fa presagire lieto fine e felicità. Contiene l'identico carattere di anomalia delle favole: cominciano con momenti tristi e penosi, con angosce e fatiche, lo svolgimento rasenta il tragico, l'irreparabile, poi sfociano brutalmente (come quando arrivano i nostri) in un lieto fine liberatorio. Sono forse i timori, le paure dell'adolescenza che svaniscono nell'accettazione, con la maturità, di affetti concreti, reali e semplici.

Il raro e lo straordinario sono sempre di passaggio.

E De André segue questo itinerario: alla favola sembra crederci, la porta avanti come se dovesse concludersi con il lieto fine, termina persino il primo tempo con l'odore della felicità. E poi distrugge con forza e decisione tutto ciò che ha costruito e lo distrugge senza giustificazioni di destini o di predestinazioni: con la convinzione che l'ineluttabile morte deve accadere, comunque, anche per errore. Sembra allora che la costruzione della prima parte sia stata fatta apposta per essere abbattuta: più dolce, femmina e leggenda, per frustrare definitivamente con la realtà dura e maschile ogni capacità di speranza. Non importa che la storia dei vangeli gli fosse ovviamente nota. Alla sua storia "evangelica" manca il riferimento biblico "affinché si compisse quel che è stato predetto". De André usa perciò della stessa meraviglia del narratore originale, l'incredibile lo allarga, lo riempie di possibile, lo umanizza come fosse credibile, fino al tentativo di corruzione dell'ascoltatore perché gioisca con lui: questa volta ce l'abbiamo fatta, i fatti cambiano il mondo! E poi lo dileggia perché ha creduto, ancora una volta, alla favola illusoria. Resta, a consolare, quell'amore dell'ultimo verso del testamento di Tito: unico comandamento, ama il prossimo tuo, che comandamento non è. Pa-

rallelamente a questa sfiducia esistenziale (anche l'unico che poteva essere *Dio è morto*) c'è, ben chiara, quella propriamente politica. Ed è ancora la stessa strada della frustrazione.
Così una bambina, prima ancora di capire, prima ancora di volere, è già strumento della fede dei genitori e, naturalmente, del potere che quella fede esercita. E viene allevata nel seno del potere per servire il potere. E proprio dalla vergine per vocazione (sterile, perciò), nasce la rivolta. La gioia è breve, il potere riprende le redini in mano, la rivolta è soffocata, il potere uccide. L'altalena vichiana del finale toglie, senza molte cortesie, e senza tanto favoleggiare, le illusioni a diciannove secoli di storia.
La storia finisce con la morte perché la morte è la fine della realtà. La resurrezione sarebbe ancora leggenda e ancora una volta toglierebbe forza alla possibilità di imitare quest'uomo che De André considera il più importante rivoluzionario della storia.
Il legame con i vangeli apocrifi è allo stesso tempo profondo e tenue. Direi che De André li usa finché gli sono utili, ne adopera alcuni strumenti, sono la fonte necessaria per un lavoro così complesso.
L'infanzia di Maria ha dei precisi riferimenti storici e così il viaggio di Giuseppe e l'annunciazione dell'angelo e la parte nota della passione ma al personaggio Giuseppe, per esempio, De André ha dato un'anima che negli apocrifi non ha. Gli autori di duemila anni fa lo dicono servitore di un'idea ma non dicono che cosa lui ne pensasse. E così i turbamenti di Maria, le parole delle tre madri, i gruppi della via crucis (che, come fonte è apocrifa e non esiste nei canonici) il sogno della concezione e soprattutto *Il testamento di Tito* nascono dalla fantasia di De André per costruire una storia che termini, fisicamente e nel contenuto, con "lodate l'uomo".
Dei versi di Fabrizio, ormai giunto alla maturità espressiva, c'è da segnare l'uso della metrica e della rima. Ne è divenuto così padrone da non perdere occasione per proporre un'immagine. E qui le immagini si rincorrono, si sovrappongono, si ammucchiano una contro l'altra dal primo verso all'ultimo. Apparentemente senza fatica. E invece è stata fatica, di un anno di lavoro, molti giorni e molte serate e troppe notti.
Credo che con questo disco De André entri a far parte, volente o nolente, sia bene o sia male, del costume italiano.

Roberto Danè, note del disco *La buona novella*

Da qualche parte troverete scritto "a cura di", "arrangiamenti di" e qualche altra doverosa e professionale gratitudine stampata da una macchina disperata, senza amici.
Io ho degli amici: Roberto Dané, che ha usato l'intelligenza per censurare e suggerire, l'affetto per stimolare e convincere e infine il forcipe, perché questo lavoro diventasse un lavoro finito, perché nascesse; Gian Piero Reverberi, che ancora una volta ha saputo vestire di musica la mia consueta balbuzie melodica; Corrado Castellari e Michele ai quali devo un'idea per la musica del *Testamento di Tito*; Franco Mussida-chitarra, Franz Di Cioccio-batteria, Giorgio Piazza-basso, Flavio Premoli-organo, Mauro Pagani-flauto del complesso I Quelli e il chitarrista Andrea Sacchi che dopo due giorni di distaccata collaborazione hanno dimenticato gli spartiti sui leggii e sono venuti a chiedermi *"perché hai fatto questo disco, perché hai scritto queste parole?"*. Anche con loro la fatica comune si è trasformata in amicizia: da quel momento.

Fabrizio De André, note del disco *La buona novella*

Via delle croci

Il potere vestito d'umana sembianza,
ormai ti considera morto abbastanza
e già volge lo sguardo a spiar le intenzioni
degli umili, degli straccioni.

Ma gli occhi dei poveri piangono altrove,
non sono venuti a esibire un dolore
che alla via della croce ha proibito l'ingresso
a chi ti ama come se stesso

Via della croce

Le spore anti-sistema che percorrono sottotraccia *La buona novella*, si innervano nel resto della discografia di Fabrizio De André. Ne sono, come dire, l'espressione caratterizzante, al pari dell'afflato anarco-pacifista. Comincio da questo enunciato per sconfessare, una volta di più, la circospezione con cui in tanti salutarono il disco alla sua prima uscita nel 1970. In altre parole: *La buona novella* è un album emblematico, continuativo e prodromo al tempo stesso, di quell'umanesimo a-confessionale e a-partitico, che è la cifra indicativa delle ballate di De André. Procedendo avanti-indietro fra le tracce del suo specifico, a tirare dentro "*baffi di sego*", "*un giudice*", "*sbirri e carabinieri*", "*gendarmi venuti in sella con le armi*", fanno, infatti, un buon numero di canzoni che se la prendono col potere e i suoi pedissequi emissari. Senza contare la pietra miliare a tematica sessantottina *Storia di un impiegato*, dove ce n'è per "*secondini*" e "*vostro onore, sei un figlio di troia*", e poi ancora e ancora. Ebbene: con un approccio meno diretto ma tra le righe altrettanto vigoroso, *La buona novella* si attesta pienamente nell'alveo degli album controvergenti di Fabrizio De André, riepilogo inarrivabile di poesia civile su base umanista. Cerchiamo di ricordarcene: una cospicua cifra del repertorio deandreiano gravita attorno al tema della pace e, per antitesi *paradossale*, della sua negazione, che passa dagli atti coercitivi delle strutture atte a mantenerla/garantirla. In quanto simulacro (la *cosiddetta* pace) di status quo a beneficio esclusivo dei potenti. Gesù di Nazareth non piace ai sacerdoti in quanto portavoce di una visione *altra*, destabilizzante, di vita sociale più ancora che spirituale. È sulla scorta di questa sua scomodità che Cristo viene seviziato e crocefisso dalla casta sacerdotale in combutta col potere politico (il potere *terreno* dei romani), che lo teme a sua volta come sovvertitore.

Il repertorio pacifista/non pacificato di Fabrizio De André abbonda di considerazioni sul Potere, e sui modi nei quali si declina, erigendo croci, imbracciando fucili, o soltanto imponendo regole di condotta. A guardar bene, l'intero suo canzoniere può leggersi come composto da canzoni *di guerra,* nel senso più esteso e stratificato che vi riesce di pensare. C'è la guerra *di* cui muore Piero, esitante un attimo di troppo prima di far fuoco sul nemico. E c'è la guerra *per* la vita, cui è costretto il popolo dei *carrugi* delle città vecchie. C'è lo sterminio indiscriminato degli indiani di *Sand Creek,* e c'è la violenza dei celerini sugli studenti del maggio francese. Si rintracciano, insomma, in De André, i conflitti palesi – quelli buoni per le medaglie alla memoria, per i Carlo Martello che ritornano dalla battaglia di Poitiers – e quelli invece più silenti, combattuti di fatto sotto la superficie dell'ordine e disciplina quotidiane. La lotta continua potenti/derelitti, sfruttati/sfruttatori, i soprusi perpetrati dai capoccia ai danni dei più deboli. Pasolini ucciso dalla politica su un anonimo campetto della periferia di Ostia (*Una storia sbagliata*, 1980). Luigi Tenco da un *Sistema* che non lo ha capito (*Preghiera in gennaio*, 1967), salvo innalzarlo *dopo* a martire-agnello sacrificale. Come del resto Gesù (*Si chiamava Gesù*, 1967), e le *anime salve* qualche millennio dopo, anche attraverso diffidenza e/o indifferenza. In sintesi: la presa di coscienza di *Princesa* comincia, in De André, dove finiscono le apocalissi collettive e visionarie di *Girotondo* e di *La domenica delle salme*. L'immolazione di *Andrea* ("*ucciso sui monti di Trento dalla mitraglia*"), come emblema del deragliare coatto di un secolo guerreggiante. Un'interminabile via delle croci. La guerra degli eserciti e la guerra in minuscolo, dei giorni qualsiasi. Ancora: reazionari contro drogati. Pellerossa contro generali "*occhi turchini e giacca uguale*". Bocca di rosa invisa alle "*comari di un paesino*". Il reazionarismo dei custodi del Tempio contro la buona novella disarmata (e disarmante) dell'uomo di Nazareth. Il pacifismo anarchico di Fabrizio De André non distoglie lo sguardo davanti lo stato (*questo* stato) delle cose. Con buona pace di qualche apologeta a posteriori, mai fintamente ecumenico e neppure succube *tout court* dell'ideale non-violento.

L'idea di pace secondo De André resta comunque subordinata a una rivendicazione di libertà, a una teleologia di affrancamento, al deciso rifiuto dei (dis) valori borghesi. Passino essi da religione, guerre sante, governi, fedi, bandiere, di qualsiasi estrazione. L'umanesimo di Fabrizio De André non è *di facciata*. Consequenziale piuttosto a una prospettiva di fratellanza universale che comprenda i "*polacchi*" ai semafori (*La domenica delle salme*), i pastori di Supramonte (l'*Indiano*), gli impiccati, i ladri, i malati di cuore. I destinati sempre e comunque alla trincea. Coloro che la prevaricazione la patiscono sulla carne e sulla pelle. I destinati a combattere *in vece di*. Toglietevelo dalla testa: non c'è traccia di buonismo nelle canzoni di De André. Quanto meno del buonismo avalutativo, figlio legittimo dell'omologazione. Non potevano permetterselo Dimaco e Tito (i due ladroni che muoiono sulla croce con Gesù), e nemmeno Miché, ladro-suicida per amore, di essere buoni. Non poteva permetterselo Fabrizio, che di loro, fra gli altri, ha cantato (*Il testamento di Tito*, *La ballata di Miché*). Denunciando i potenti e le loro coorti: re, sacerdoti, "*ministri dei temporali*", giubbe blu, ottusi baciapile o asserviti al potere che fossero.

Il biennio '68-'69 è stato cruciale del secondo Novecento. Gli anni in cui Fabrizio De André concepisce e poi scrive *La buona novella*, se da un lato costituiscono l'acme dell'idealità libertaria anni Sessanta, dall'altro sono assumibili come prologo virulento e sacrosanto delle lotte sociali del decennio a seguire. Intanto che la guerra in Vietnam si reitera, e l'America dei campus rinvigorisce la protesta, nel 1968 viene ucciso Martin Luther King, i carrarmati sovietici invadono la Cecoslovacchia, a Praga Jan Palach si dà fuoco in piazza Venceslao, e il Maggio francese deflagra, dando la stura al Sessantotto europeo. Fabrizio De André naviga per i ventotto con diverse inquietudini e altrettante curiosità. Ha inciso sin qui tre dischi che, forti del continuo passaparola, spopolano tra i giovani più inclini al cambiamento.
Quando pubblica *La buona novella* sono passati altri due anni. In Italia è passato, soprattutto, l'autunno caldo delle manifestazioni studentesco-operaiste. Ed è passato (?) il botto di Piazza Fontana con cui, nel '69, si inaugura l'evo della strategia della tensione. Anche per ciò nessuno avrebbe scommesso sulla fortuna di un album così. Un disco come *La buona novella*, in *apparenza* avulso dall'attualità. Alla generazione del tutto-subito e dell'assalto al cielo, sembrava interessare poco una storia vecchia quasi duemila anni e, come se non bastasse, trita e ritrita. Un certo pregiudizio verso i temi religiosi e, d'altro

canto, la capillare adesione al *qui e ora* degli eventi, distoglieva i più critici da due aspetti fondamentali: il primo è il valore apodittico (estetico/etico) dell'album, il secondo la tensione *contestataria* che lo attraversa per intero. Anche in *La buona novella*, ciò che conta per De André è rinquadrare le storie (spesso edificanti) dei protagonisti del vangelo ufficiale, dal focus degli anonimi, dei senza potere. L'umanità che affiora tra i testi è di conseguenza *concreta* e dunque credibile. Un'umanità-simbolo, soggiogata da un Potere (nella fattispecie sacerdotale) autoreferente e prevaricante. Nessun cedimento apologetico. Anti-agiografici risultano i tratteggi di Giuseppe (costretto a sposare una "*bambina*" su cui "*non aveva intenzione*") e della stessa Maria, dapprima immolata precocemente al Tempio, quindi – al primo apparire delle mestruazioni – obbligata alle nozze con un uomo molto più vecchio di lei. L'aspetto più spiazzante di un album interamente incentrato sui vangeli (seppure apocrifi) risiede, peraltro, nella totale *assenza* di Gesù (non un miracolo, nessun orto del Getsemani, nessun "allontana da me questo calice"), evocato per interposta persona e in quanto uomo, più che aureolato figlio di Dio ("*non voglio pensarti figlio di dio / ma figlio dell'uomo, fratello anche mio*").
I tratteggi interiori dei personaggi deandreiani si stagliano quindi come espressioni di un umanesimo dolente e compartecipe al contempo. Si tratti del buon ladrone Tito che, dopo aver sottratto i comandamenti al piano della trascendenza (*Il testamento di Tito*), approda a una dimensione interiore quasi misericordiosa ("*nel vedere quest'uomo che muore / madre io provo dolore*"). Si tratti di Maria che, bambina, divide nel Tempio "*il tempo fra cibo e signore*", e all'apparire di un angelo che "*forse era sogno, ma sonno non era*" è al contempo *tentata* e sgomenta. Si tratti – ancora – delle madri dei ladroni che ai piedi della croce rivendicano nei confronti di Maria-madre-di-Dio il diritto di "*piangere più forte / chi non risorgerà più dalla morte*" (*Tre madri*). Ma è nel lungo cammino che porta alla cima del Golgota, che l'umanità oppressa di Fabrizio De André palesa, seppure a mezza voce, il diritto di esprimersi su un uomo (Gesù) e su un evento (la sua venuta al mondo) che l'ha coinvolta e, in qualche modo, sconvolta (la strage dei primogeniti maschi ordinata da Erode, l'evangelo dirompente della predicazione di Cristo, la sua spiazzante condanna a morte). Traspare quindi dalle strofe di De André, tanto l'odio viscerale dei padri e delle madri dei neonati sterminati dal tiranno in vece sua ("*poterti smembrare coi denti e le mani / sapere i tuoi*

occhi bevuti dai cani / di morire in croce puoi essere grato / a un brav'uomo di nome Pilato"), quanto lo strazio delle vedove, delle fedeli "*schiave ancor prima di Abramo*" per la fine imminente "*di chi perdonò Maddalena / di chi con un gesto soltanto fraterno / una nuova indulgenza insegnò al padreterno*". E d'altro canto, si segnala anche l'umanissima pavidità degli apostoli che "*confusi alla folla ti seguono muti / tremanti al pensiero che tu li saluti / A redimere il mondo, gli serve pensare / il tuo sangue può certo bastare / La semineranno per mare e per terra / tra boschi e città la tua buona novella / ma questo domani, con fede migliore / stasera è più forte il terrore*".

Questo è quanto specifica De André, in merito al suo album-concept (il primo della storia discografica italiana):
Quando scrissi La buona novella *era il 1969. Si era quindi in piena rivolta studentesca e le persone meno attente – che poi sono sempre la maggioranza di noi – pensavano fosse un disco anacronistico. Mi dicevano: cosa stai a raccontare della predicazione di Cristo, che noi (...) facciamo a botte per cercare di difenderci dall'autoritarismo del potere, dagli abusi, dai soprusi (...) Non avevano capito che* La buona novella *era un'allegoria. Paragonavo le istanze migliori e più ragionevoli del movimento sessantottino, cui io stesso ho partecipato, con quelle, molto più vaste spiritualmente, di un uomo di 1968 anni prima, che proprio per contrastare gli abusi del potere, i soprusi dell'autorità si era fatto inchiodare su una croce, in nome di una fratellanza e di un egualitarismo universali.*

La buona novella non è dunque il disco dell'abiura. Non è il lavoro in cui, dopo il cantico dei drogati e gli anti-eroi delle città vecchie, Fabrizio De André ripiega su sponde confessionali o, addirittura, metafisiche. Si offre all'ascolto come album cruciale che aggiorna il peace & love della cultura hippy alla protesta pre e post sessantottina. Un *Jesus Christ Superstar* con più spessore, insomma. Per i suoi tratti contenutistico-formali, l'album si staglia, ancora, come insuperato. *Assoluto*. Il precoce testamento etico – e artistico – della discografia deandreiana. Cinque canzoni-stazioni con dentro vicende e personaggi anteriori alla nascita di Gesù. E cinque gravitanti attorno al tema della sua morte. Largo spazio alle figure "minori". Ai derelitti taciuti dai vangeli ufficiali e qui caricati di valenze aggiunte, che ripudiano l'agiografia tradizionale. Tra le tre madri della canzone omonima c'è, per esempio, anche Maria che ai piedi della croce assiste il figlio che muore, e per lo strazio quasi bestemmia ("*Non fossi stato figlio di Dio / t'avrei ancora per figlio mio*"), e in *Via della croce* ci sono i poveri esclusi persino dal lutto, che Gesù lo "*piangono altrove / non sono venuti a esibire un dolore*".

Il disco dura trenta minuti: bastano per declinare sacro e profano in accezione poetico-divergente: dal *Laudate Dominum* di apertura al *Laudate Hominem* (non a caso) con cui si chiude. Come dire che dal 1968 a.C. al Sessantotto del secolo XX, la storia è la stessa: il potere uccide ancora innocenti in nome di Dio. Ma è proprio nel transito dal cielo alla terra – dal *Laudate Dominum* al *Laudate Hominem* di inizio e fine album – che si colloca, eversivo, l'apogeo della rivendicazione umanista, profana, universale, di De André. Non è un fatto nuovo che carichi Cristo di connotati rivoluzionari. Prima della *Buona novella, Si chiamava Gesù* (*Volume I*) lasciava già affiorarne l'estrazione terrena, quanto la portata eversiva della predicazione:

Non intendo cantare la gloria
né invocare la grazia o il perdono
di chi penso non fu altri che un uomo
come Dio passato alla Storia
ma inumano è pur sempre l'amore
di chi rantola senza rancore
perdonando con l'ultima voce
chi lo uccise tra le braccia di una croce [...]
E morì come tutti si muore
come tutti cambiando colore
Non si può dire che sia servito a molto
perché il male dalla terra non fu tolto
Ebbe forse un po' troppe virtù
ebbe un volto ed un nome Gesù
Di Maria dicono fosse il figlio
sulla croce sbiancò come un giglio.

La buona novella è un album che trova il suo primo fondamento nella divergenza. Nella portata *dirompente* del messaggio dell'uomo (Gesù) che per primo, e da solo, ebbe il coraggio di sfidare il potere, sacrificando la vita all'ideale.

Anche sotto l'aspetto musicale, il disco si presenta come innovativo rispetto al passato. Due corali – traslazione del coro di matrice classica – aprono e chiudono il discorso, come antifona solenne di liberazione. Il resto è più intimo, rimando ai climi tematici delle tracce: Fabrizio De André rinuncia alle divagazioni folk-prog di *Tutti morimmo a stento*, per gli arpeggi di chitarra e tastiera al servizio di una voce che primeggia, e forse non a caso.

Con La buona novella *avevo urgenza di salvare il cristianesimo dal cattolicesimo (...) I vangeli apocrifi sono una lettura bellissima con molti punti di contatto con l'ideologia anarchica (...) I personaggi del Vangelo perdono un poco di sacralizzazione a vantaggio, penso e spero, di una loro maggiore umanizzazione.*

Rivela ancora il cantautore sulle intenzioni prime del suo concept-album.
E nel 1998, durante il tour che ne ripropone alcuni brani, rimarcando ulteriormente il concetto:

Nel 1969, in piena lotta studentesca, ho scritto La buona novella, *traendola dai vangeli apocrifi, o meglio da una lettura sommaria dei vangeli apocrifi. Apocrifo vuol dire falso, in effetti non è che gli autori fossero evangelisti falsi, è che la chiesa, fino a qualche secolo fa, mal sopportava che fossero altre persone, persone non di confessione cristiana, a occuparsi di Gesù. Si tratta di scrittori, di storici, di scrittori, arabi, armeni, bizantini, greci, che nell'accostarsi all'argomento lo hanno fatto peraltro con grande deferenza, con grande rispetto. Ebbene: perché scegliere la storia di Gesù di Nazareth proprio nel momento della rivolta del Sessantotto? Perché Gesù mi sembrava un personaggio assolutamente emblematico. Credo che le istanze migliori e più sensate della rivolta del Sessantotto fossero molto simili a quelle che Gesù, 1969 anni prima, aveva portato avanti schierandosi contro gli abusi del potere e i soprusi dell'autorità. In nome di un egalitarismo, di una fratellanza universale che poi non si è verificata (...) Non ho voluto inoltrarmi in sentieri per me difficilmente percorribili come la metafisica o addirittura la teologia. In primo luogo perché non ci capisco niente, in secondo luogo perché ho sempre pensato che se Dio non esistesse bisognerebbe inventarselo. Il che è esattamente quello che ha fatto l'uomo da quando ha messo i piedi sulla Terra.*

È sulla scorta di queste convinzioni, e attingendo poeticamente a queste fonti, che secondo Doriano Fasoli, De André

narra l'avventura di Cristo come da dietro le quinte, attraverso tutto ciò che è accaduto prima e intorno alla Crocefissione, attraverso quei fatti e quelle persone che il rito non commemora – chi pensa mai al falegname che ha sagomato le croci, alle reazioni della folla? – o che ha ormai sublimato, come la figura della Madonna che è cantata, per tutto il primo lato del disco, come una fanciulla che passa dalla verginità alla maternità in un'estasi onirica e sensuale, d'estate, quasi volando fuori di sé (...) Oltre a quanto ha scritto Roberto Dané nella presentazione del disco, va notato l'affiorare di una poesia visionaria, soprattutto in Il sogno di Maria, *di immagini e voli linguistici ancora racchiusi in una struttura classica del verso (a rima o ad assonanza baciata in questo caso) e dallo schema armonico, che De André comincerà a sciogliere e modificare di lì a poco*".

(Doriano Fasoli, Fabrizio De André. Passaggi di tempo, *Edizioni Associate 1995).*

Ma quest'ultimo è un aspetto della storia poetica e discografica di De André che nella fattispecie non ci riguarda. Qui siamo idealmente in territorio palestinese, negli anni vicini all'anno zero, prossimi cioè al crinale che separa l'avanti e il dopo Cristo. Siamo nella Palestina governata dai romani. La Palestina di Gesù di Nazareth, uomo invisibile di un album inarrivabile. Siamo fra i recessi antagonisti e gli anfratti poetici di *La buona novella.*

1969-1970 d.C.

Prima e dopo *La buona novella*

Era partito per fare la guerra
per dare il suo aiuto alla sua terra
gli avevano dato le mostrine e le stelle
e il consiglio di vender cara la pelle
e quando gli dissero di andare avanti
troppo lontano si spinse a cercare la verità
ora che è morto la patria si gloria
d'un altro eroe alla memoria
La ballata dell'eroe

Il 1969 è l'anno topico della lunga stagione a mano armata: in Italia, prima l'autunno caldo delle lotte operaiste, poi il 12 dicembre di Piazza Fontana che spazza via ogni residuo di confronto democratico. Echi di dissenso giungono anche dal resto del mondo: l'anno dello sbarco sulla luna (luglio) è l'anno di piccoli e grandi fuochi che divampano ovunque. Si protesta per le strade (il 15 ottobre, milioni di persone, sfilano nelle principali città degli Stati Uniti per invocare la fine del conflitto in Vietnam), si protesta al cinema (nel 1969 escono gli amari e ribellisti *Easy Ryder* e *Un uomo da marciapiede*), si protesta con la musica: il grande raduno rock di Woodstock (15 agosto) è molto di più di una tre giorni musicale, un fenomeno sociale e di costume che *segna* lo spirito del tempo e di un'intera generazione.
Per tornare alle nostre latitudini, mentre l'Italia leggera si accontenta dei soliti Mina e Battisti, veicolato dalla spinta dei giovani impegnati, intriso di francesismi, antimilitarismo e temi esistenziali, il *Volume III* di Fabrizio De André si fa largo in classifica, al punto che la stampa comincia a interessarsi al cantautore con una certa insistenza. "*Un artista borghese con accenti contestatori*" annuncia il quotidiano genovese *Il lavoro* del 5 marzo. "*È in testa alle vendite dei dischi a 33giri. Un nuovo fenomeno nel mondo della canzone. Si chiama Fabrizio De André: nei suoi versi da liceo classico c'è di tutto*, da *Villon a Pascoli*" dichiara, tra occhiello, titolo e *pancia* dell'articolo, il settimanale *L'Europeo* del 13 marzo. "*Il cantautore che non sa cantare in pubblico*", rivela *La Domenica*

del Corriere del 12 agosto. "*Con le sue canzoni polemiche ha sconfitto la tv*", sostiene ancora *Bolero Teletutto* di novembre.
Della sua *Buona novella* ancora in gestazione soltanto un *rumor*. Esce sul *Corriere del Ticino* del 14 maggio, che titola: "*Intervista a Fabrizio De André. Musicherà i Vangeli apocrifi il cantautore di* Marinella".
Alla domanda di Mariuccia B. Ferrari: "*Come saranno i suoi prossimi dischi?*", Fabrizio De André risponde, anticipando una *Buona novella* ancora in stato embrionale: "(...) *L'altro disco dovrebbe essere un Lp sul Medioevo, cioè in una facciata metterò una specie di cernita delle migliori canzoni del Medioevo dell'Europa occidentale; l'altra facciata porterà i Vangeli apocrifi, quelli scritti da gente comune, non dall'ufficio stampa di Gesù Cristo. Non i Vangeli di Matteo, Marco, Luca, Giovanni, ma quelli scritti dal popolo. C'è* la M*adonna che sta ciabattando per un viottolo di una borgata. Arriva davanti alla bottega di un falegname e chiede: 'Cosa stai facendo falegname?'. E il falegname risponde: 'Sto facendo una croce'. 'Per chi la fai la croce?'. 'La faccio per tuo figlio, Maria' risponde il falegname. 'Ma no, ti prego, non fare la croce per mio figlio'. 'Ma io la devo fare e poi, mi hanno pagato per questo'. 'E che cosa ci metti sulla croce?'. 'Ci metto due chiodi di legno e due di assale (acciaio)'. 'No, i chiodi di assale no, i chiodi di assale fan troppo male'. Un dialogo molto umano, che mi interessa sviluppare sul piano musicale e canzonettistico*".
Mancano soltanto due mesi alla pubblicazione ufficiale dell'album, quando su *Ciao 2001* (settembre 1970) lo stesso De André ribadisce il senso del suo lavoro sui vangeli apocrifi:

Gianna De Siero: "*So che stai preparando un nuovo disco...*"
Fabrizio De André: "*Già: il nuovo disco. Si intitolerà* La buona novella. *Uscirà in novembre. Sono due anni che ci penso sopra. Una gestazione lunga, non ti pare? Ho letto i Vangeli canonici e quelli apocrifi...*"
Un'opera dissacratoria?
"*Dissacratoria no, demistificante piuttosto. Ho cercato più di ogni altra cosa di umanizzare i personaggi, di mostrare come Maria sotto la croce è anzitutto una madre, con tutta l'ossessività che hanno le madri, quando grida e non può fare a meno di gridarlo: 'Non fossi stato figlio di Dio, t'avrei ancora per figlio mio'. E Gesù Cristo non è solo, nella scena culminante della passione, c'è il dolore umano con tutte le sue sfumature: i padri straziati dei bambini uccisi dalla persecuzione di Erode, le donne del popolo che si lasciano andare*

ai lamenti, le madri dei ladroni che si accaniscono contro Maria perché a loro non è concessa la consolazione di sapere che i loro figli risorgeranno. I miei sentimenti nel guardare queste e altre scene? Sono di pietà e di comprensione umana, disponibilità verso gli altri spinta al limite".

La buona novella vede puntualmente la luce a novembre. Il novembre plumbeo di un'Italia sotto torchio. Dopo la bomba di Piazza Fontana, il giro di vite dello Stato è infatti imponente quanto pretestuoso: investe a tappeto gruppi antagonisti e *movimenti* di ogni tipo, compresi quelli sindacali, scaricando le responsabilità della strage al piano sovversivo degli anarchici. Coeve al nuovo disco di De André, alcune leggende – *Déjà vu* (Crosby, Stills, Nash & Young); *Trespass* (Genesis), *Atom Heart Mother* (Pink Floyd); *Abraxas* (Santana) – e le solite canzonette all'italiana, prima fra tutte *Chi non lavora non fa l'amore* di Adriano Celentano e Claudia Mori, che vince il festival di Sanremo.

La buona novella ha valori aggiunti palesi e sottesi. Quelli delle note interne alla copertina si leggono e non si desumono: in esse viene, fra l'altro, precisato come i testi di De André prevedano citazioni dal Protovangelo di Giacomo, figlio del precedente matrimonio di Giuseppe e dunque fratellastro di Gesù. Una rivelazione che suona da dichiarazione di intenti: restituire ad ambiti terreni la predicazione e la morte in croce di Cristo.

Prodotto da Roberto Dané, che firma anche le copiose osservazioni di introduzione all'album, *La buona novella* esce per la Produttori Associati (PA/LPS 34) con copertina in tinta ocra. Prima di ritornare a questa cover *originale*, la grafica del disco cambierà altre due volte: nello stesso 1970 viene ripubblicato con l'elaborazione di una fotografia in bianco e nero di Fabrizio De André (da un servizio realizzato da Barbara Rombi Serra), e anni dopo, nel 1983 (serie Ricordi Orizzonte) con riprodotto il celebre trittico di Simone Martini.

Nessun disco – soprattutto un capolavoro come *La buona novella* – si scrive da solo: per la realizzazione dell'album, Gian Piero Reverberi chiama a raccolta i "Quelli" (all'epoca tra i *turnisti* più capaci), che di lì a poco andranno a confluire nella Premiata Forneria Marconi.

Con loro, circa dieci anni dopo, lo stesso De André intraprenderà lo storico tour 1978/79, immortalato nei dischi *Fabrizio De André in concerto*, e *Fabrizio De André in concerto Vol. 2.*

Estratti da *La buona novella*, troveranno spazio in scaletta le versioni superbamente ri-arrangiate di *Maria nella bottega del falegname* e *Il testamento di Tito.*

fabrizio de andrè
la buona novella

I brani che compongono il disco

Laudate Dominum	0:21
L'infanzia di Maria	5:01
Il ritorno di Giuseppe	4:07
Il sogno di Maria	4:07
Ave Maria	1:53
Maria nella bottega di un falegname	3:14
Via della Croce	4:33
Tre madri	2:55
Il testamento di Tito	5:51
Laudate hominem	3:29

I crediti

Testo e Musica di **Fabrizio De André**
Prodotto da **Roberto Dané**
Arrangiamenti di **Gian Piero Reverberi**
Orchestra e coro **I musical** diretti da **Gian Piero Reverberi**

Hanno suonato:
Franco Mussida, **Andrea Sacchi** – chitarre
Franz Di Cioccio – batteria
Giorgio Piazza – basso
Flavio Premoli – organo
Mauro Pagani – flauto in *Maria nella bottega d'un falegname*

Angelo Branduardi – violino (non accreditato)
Maurizio Fabrizio – chitarra (non accreditato)

Tecnici del suono

Walter Patergnani (Ricordi)
Mario Carulli (Fonorama)
Plinio Chiesa (Fonit-Cetra)

L'infanzia di Maria

Gli Apocrifi che si occupano della nascita e dell'infanzia di Maria, la dipingono come una persona sacra, destinata al piano divino della salvezza fin dai primi anni della sua esistenza. Avendole il Signore riservato dei compiti tanto eccezionali e straordinari, tutto intorno a lei viene disposto in modo tale da preservarla da cose, fatti e coinvolgimenti di natura profana, e dimostrare così che è stata riservata a progetti divini richiedenti una sua disponibilità e una collaborazione totali. In questa ottica si comprende come ella, secondo il Protovangelo, sia stata portata al tempio per vivervi una vita di dedizione completa al servizio di Dio. E anche quando il sopravvenire dell'età puberale richiese che fosse allontanata dal tempio stesso, fu affidata a uno sposo che, come Giuseppe, era in grado di vegliare e custodire la sua verginità, che rimaneva la condizione garante del suo affidamento totale al servizio dei disegni divini.

(L'Immagine di Maria negli Apocrifi del Nuovo Testamento, https://digilander.libero.it/mariaoggi/mariaapocrfi.htm)

"Ne *L'infanzia di Maria* la futura madre di Gesù viene rinchiusa nel Tempio all'età di due anni e ne viene estromessa all'età di dodici perché le vengono le mestruazioni e potrebbe contaminarne la purezza. Secondo le usanze del tempo, in evidente età da marito, viene chiamata a raccolta la moltitudine dei senza moglie, quindi non soltanto degli scapoli ma anche dei vedovi, e attraverso una curiosa lotteria Maria viene data in sorte a questo anziano falegname che si chiama Giuseppe, il quale non è soltanto carico di anni ma anche di figlie e di figli. Tanto è vero che la prima biografia di Gesù sarà scritta proprio dal suo fratellastro, e va ancora oggi sotto il nome di protovangelo di Giacomo."

(Fabrizio De André)

E Gioacchino disse: Ecco che ha compiuto i tre anni! Portiamola perciò al Tempio del Signore perché dobbiamo adempiere alla promessa (...)

Voce:

Forse fu all'ora terza forse alla nona
cucito qualche giglio sul vestitino alla buona
forse fu per bisogno o peggio per buon esempio
presero i tuoi tre anni e li portarono al tempio

Così Maria bambina visse nel Tempio del Signore e la mano di un angelo le offriva il cibo
Non fu più il seno di Anna fra le mura discrete
a consolare il pianto a calmarti la sete
dicono fosse un angelo a raccontarti le ore
a misurarti il tempo fra cibo e Signore

Maria è una delle figure-cardine dei vangeli canonici. *"Madre di Gesù"* e *"Santissima Madre di Dio"*, incarna fin dalle origini della cristianità il prototipo di donna umile, che accoglie la volontà di Dio in modo incondizionato. La fede di Maria è senza ombre, e senza ombre è il suo amore che rivolge verso Dio. Pur riservandole un ruolo di assoluta preminenza, *La buona novella* sposta diametralmente il focus di osservazione: interessato com'è a rileggerne passato e presente in chiave *comune* (prima bambina inconsapevole, poi donna sottomessa, come tante, alla legge di Dio e dell'uomo), De André ne delinea una figura tutt'altro che aureolata. Quando la incrociamo, già alla traccia n. 2 del disco, Maria è una bambina di origini popolane ("*vestitino alla buona*") alla quale nell'ora incerta dell'infanzia ("*forse fu all'ora terza forse alla nona*") viene assegnato un destino più grande di lei. Forse "*(...) per bisogno o peggio per buon esempio*" sua madre decide infatti di immolarla al Tempio, secondo il Protovangelo di Giacomo, dando seguito a un voto: sterile ormai senza speranze, Anna invoca il cielo: *"Come è vero che vive il Signore mio Dio, giuro, se io metterò al mondo un figlio, sia un maschio che una femmina, lo darò in offerta al Signore mio Dio e starà al suo servizio per tutti giorni della sua vita"*.
Il destino di Maria appare dunque segnato *ab origine* dal volere di Dio – di cui la genitrice rappresenta il surrogato terreno ("onora il padre e la madre" sancisce il quarto comandamento) – e dalla pedissequa adesione a una dottrina che la piccola non può che subire suo malgrado ("*o peggio per buon esempio*"). Il Tempio è un luogo *adulto* – il luogo dell'ipocrisia adulta, dei sepolcri imbiancati – freddo, anaffettivo, inidoneo alle esigenze di una bimba ancora piccola ("*Non fu più il seno di Anna fra le mura discrete / a consolare il pianto a calmarti la sete*"). Il luogo alienante della coazione a ripetere, se è vero che un angelo si prende cura della bimba, scissa tra mortificati bisogni materiali (*cibo*) e preghiere ("*dicono fosse un angelo a raccontarti le ore / a misurarti il tempo fra cibo e Signore*"). È in questo modo che Maria dissipa la propria infanzia ("*Scioglie la neve al sole ritorna l'acqua al mare / il vento e la stagione ritornano a giocare / ma non per te bam-*

bina che nel tempio resti china"), fino all'età di dodici anni in cui diventa "donna" e vittima ulteriore del farisaismo sacerdotale che ne decreta l'allontanamento dal Tempio. Il primo sangue mestruale versato dalla bimbetta potrebbe infatti corrompere la purezza sacra del luogo.

E quando raggiunse l'età dei dodici anni, i sacerdoti si riunirono in consiglio e dissero: "Cosa faremo ora di lei perché non contamini il Tempio del Signore?"

Voce:
E quando i sacerdoti ti rifiutarono alloggio
avevi dodici anni e nessuna colpa addosso
ma per i sacerdoti fu colpa il tuo maggio
la tua verginità che si tingeva di rosso

E si vuol dar marito a chi non lo voleva
si batte la campagna si fruga la via
popolo senza moglie uomini d'ogni leva
del corpo d'una vergine si fa lotteria

Allora gli araldi andarono per tutta la Giudea e risuonò la tromba e il popolo accorse

Coro:
Sciogli i capelli e guarda già vengono...
Guardala guardala scioglie i capelli
sono più lunghi dei nostri mantelli
guarda la pelle viene la nebbia
risplende il sole come la neve
guarda le mani guardale il viso
sembra venuta dal paradiso
guarda le forme la proporzione
sembra venuta per tentazione.

La canzone giunge a questo punto al suo primo snodo *politico*. Dapprima la stigmatizzazione del ripudio di Maria decretato dai sacerdoti (leggi uomini di potere, leggi uomini di legge asserviti al potere, leggi reazionari, leggi farisei) inclini alla condanna di un'innocente ("*avevi dodici anni e nessuna colpa addosso / ma per i sacerdoti fu colpa il tuo maggio / la tua verginità che si tingeva di rosso*"), quindi l'immonda fiera organizzata intorno alla ragazza per assegnarle un marito (si usava, all'epoca). Un Coro non più solenne ma frenetico, incalzante ed eccitato, restituisce la voce, gli sguardi, la libido del popolo dei senza moglie che si contende il corpo della giovane donna ("*guarda le mani guardale il viso (...) guardale gli occhi guarda i capelli (...) guarda le mani guardale il collo (...) guarda la carne*"). Una giovane donna reificata a cosa, a esclusivo oggetto di desiderio ("*del corpo di una vergine si fa lotteria*"). Il passaggio è visivo, rinforzato dal ritmo di una tarantella che accompagna il doppio oltraggio perpetuato verso Maria: da un lato la pruriginosa riduzione a *corpo*, dall'altro la determinazione forzata del futuro.

E Zaccaria, il gran sacerdote, disse a Giuseppe: "La sorte ti ha affidato la vergine del Signore, abbine cura e custodiscila"

Voce:
E fosti tu Giuseppe un reduce del passato
falegname per forza padre per professione
a vederti assegnata da un destino sgarbato
una figlia di più senza alcuna ragione
una bimba su cui non avevi intenzione

E mentre te ne vai stanco d'essere stanco
la bambina per mano la tristezza di fianco
pensi "Quei sacerdoti la diedero in sposa
a dita troppo secche per chiudersi su una rosa
a un cuore troppo vecchio che ormai si riposa"

Ma nemmeno a Giuseppe è dato di scegliere. Anche Giuseppe "*reduce del passato*" fa parte dei succubi, delle vittime cui tocca subire il bello e il cattivo tempo dei potenti, prima ancora che quello di "*un destino sgarbato*". Come scrive Riccardo Storti nel suo *I vangeli di Fabrizio De André* (Aereostella, 2009) "*Anche in questa circostanza (come per Maria) c'è una passività di fondo, ausiliaria del destino: Giuseppe non sceglie ma gli viene assegnata una sposa, avvertita come una 'figlia di più' e una 'bimba su cui non avevi intenzione'*".

In questo modo appaiono dunque introdotti Giuseppe e Maria, genitori *coatti* di Gesù figlio dell'uomo più che di Dio. Lui "*falegname per forza padre per professione*" lei poco più che bambina remissiva, chiamata a una missione (finto)divina che la sovrasta. La descrizione di Giuseppe che si allontana "*stanco di essere stanco / la bambina per mano la tristezza di fianco*" risulta tra le più incisive dell'intero album. Ne ribadisce il taglio popolare, realista, anti-apologetico attraverso cui vita, morte e miracoli (nessuno, in verità) di Cristo vengono rinquadrati da De André.
A chiusura di brano, la voce narrante introduce la seconda stazione del disco:

Secondo l'ordine ricevuto Giuseppe portò la bambina nella propria casa
e subito se ne partì per dei lavori che lo attendevano fuori dalla Giudea.
Rimase lontano quattro anni.

Il ritorno di Giuseppe

Gli elementi che negli apocrifi riguardano Giuseppe possono così sintetizzarsi: Giuseppe è un falegname (*faber lignarius*), che costruisce aratri, gioghi e altri strumenti di legno adatti alla coltivazione, e anche letti di legno (Pseudo Matteo; Pseudo Tommaso). A quarant'anni, Giuseppe sposa Meleha o Escha, dalla quale, in quarantanove anni di matrimonio, ha quattro figli e due figlie, chiamati Giuda, Giusto, Giacomo, Simone, Assia e Lidia (Pseudo Matteo, Storia di Giuseppe il Falegname); i documenti armeni, dagli scritti di Mosè Khorenatzi ai Sinassari, pongono invece quarant'anni per il secondo matrimonio con Maria e settantuno o settantadue anni per la morte. Dopo un anno di vedovanza, Giuseppe viene raggiunto dal bando del sommo sacerdote, che convoca tutti i vedovi della Giudea per scegliere, tra essi, lo sposo della dodicenne vergine Maria (Protovangelo di Giacomo; Pseudo Matteo, Storia di Giuseppe il Falegname). La scelta è affidata al Signore: ogni aspirante consegna il proprio bastone che viene posto nel Santo. Quando vengono ritirati, quello di Giuseppe appare fiorito (Vangelo della Natività di Maria) e una colomba *"uscì fuori dal bastone e volò sul capo di Giuseppe"*, come segno della sua elezione divina *"a ricevere in custodia la vergine del Signore"* (Protovangelo di Giacomo; Pseudo Matteo). L'annunciazione avviene due anni dopo, mentre Giuseppe era assente per i suoi lavori. Fu al suo rientro che vide nella sposa i segni della gravidanza. Al

racconto evangelico del turbamento di Giuseppe i suddetti apocrifi aggiungono la prova delle acque amare (cf. Nm 5,11-13), felicemente superata con il pieno riconoscimento dell'innocenza di entrambi.
(San Giuseppe negli apocrifi, movimentogiuseppino.wordpress.com)

Subito dopo le nozze Giuseppe parte, sta fuori dalla Giudea per quattro anni. Al ritorno trova la sorpresa di Maria in stato interessante. Maria gli corre incontro, gli butta le braccia al collo, lo abbraccia e piangendo gli racconta di avere fatto un sogno in cui incontrava l'angelo del Signore.
(Fabrizio De André)

Stelle, già dal tramonto
si contendono il cielo a frotte
luci meticolose
nell'insegnarti la notte

Un asino dai passi uguali
compagno del tuo ritorno
scandisce la distanza
lungo il morire del giorno

Ai tuoi occhi, il deserto
una distesa di segatura
minuscoli frammenti
della fatica della natura

Gli uomini della sabbia
hanno profili da assassini
rinchiusi nei silenzi
d'una prigione senza confini

Odore di Gerusalemme
la tua mano accarezza il disegno
d'una bambola magra
intagliata del legno

"La vestirai, Maria,
ritornerai a quei giochi
lasciati quando i tuoi anni
erano così pochi"

Sorretto da una coloritura armonica orientaleggiante, il brano restituisce, quasi visivamente, il profilo solitario di Giuseppe che sotto la larga distesa di stelle vespertine ("*stelle, già dal tramonto / si contendono il cielo a frotte*") procede a dorso di un mulo, verso Gerusalemme. È stato via quattro anni, lavorando sodo, misurandosi col legno al punto che persino la sabbia del deserto adesso gli appare come "*una distesa di segatura*". A portata delle sue mani da vecchio, tiene il regalo che ha intagliato per Maria, sposata e lasciata sola subito dopo le nozze. Un regalo umile, da padre povero ma premuroso più che da marito, "*una bambola magra / intagliata nel legno*". Giuseppe pensa di risarcire in questo modo la sua moglie-bambina dell'infanzia sottrattale da una vita claustrale, consacrata al Signore ("*la vestirai Maria / ritornerai a quei giochi / lasciati quando i tuoi anni / erano ancora pochi*").

E lei volò fra le tue braccia
come una rondine
e le sue dita come lacrime
dal tuo ciglio alla gola
suggerivano al viso
una volta ignorato
la tenerezza d'un sorriso
un affetto quasi implorato

E lo stupore nei tuoi occhi
salì dalle tue mani
che vuote intorno alle sue spalle
si colmarono ai fianchi
della forma precisa
d'una vita recente,
di quel segreto che si svela
quando lievita il ventre

E a te, che cercavi il motivo
d'un inganno inespresso dal volto
lei propose l'inquieto ricordo
fra i resti d'un sogno raccolto

L'incontro fra i due coniugi sulla soglia di casa è l'incontro di due *buoni* senza aureola. Da un lato Maria, che accoglie il ritorno di Giuseppe correndogli incontro e sciogliendosi nell'abbraccio entusiasta delle ragazzine ("*e lei volò fra le tue braccia come una rondine*"), dall'altro Giuseppe che accortosi della gravidanza della moglie quasi non riesce a crederci (*"E lo stupore nei tuoi occhi / salì dalle tue mani / che vuote intorno alle sue spalle / si colmarono ai fianchi / della forma precisa / d'una vita recente / Di quel segreto che si svela / quando lievita il ventre")*. Giuseppe è sgomento, la scruta in silenzio, cercando di scorgerne in volto i segni del tradimento, Maria lo comprende e con la pacatezza tipica della coscienza pura lo mette al corrente del Mistero, partendo dal "sogno dell'angelo" della traccia successiva ("*lei propose l'inquieto ricordo fra i resti d'un sogno raccolto*").

Il sogno di Maria

La verginità di Maria ha una parte importante nei racconti apocrifi, i quali hanno derivato dai Vangeli dell'Infanzia l'interesse per questo aspetto del mistero mariano. Il Protovangelo di Giacomo entra perfino in dettagli fisici che, se da una parte accentuano la dimensione taumaturgica del concepimento e del parto verginale di Cristo, dall'altra rischiano d'introdurre un elemento di dissacrazione nel velo di mistero che avvolge l'evento stesso. Il racconto lascia trapelare una certa tendenza alla ricerca curiosa che sembra rasentare la morbosità.
(L'immagine di Maria negli Apocrifi del Nuovo Testamento)

Nel Grembo umido, scuro del tempio
l'ombra era fredda, gonfia d'incenso
l'angelo scese, come ogni sera
ad insegnarmi una nuova preghiera:
poi, d'improvviso, mi sciolse le mani

e le mie braccia divennero ali
quando mi chiese – Conosci l'estate –
io, per un giorno, per un momento
corsi a vedere il colore del vento

Volammo davvero sopra le case
oltre i cancelli, gli orti, le strade
poi scivolammo tra valli fiorite
dove all'ulivo si abbraccia la vite

Scendemmo là, dove il giorno si perde
a cercarsi da solo nascosto tra il verde
e lui parlò come quando si prega
ed alla fine d'ogni preghiera
contava una vertebra della mia schiena

L'epifania dell'angelo è rivelata da De André come un amplesso. Gli incontri mistico-carnali fra l'angelo e Maria sono senza dubbio dettati dall'amore, ma non escludono i richiami di natura materica e orgasmica ("*ed alla fine di ogni preghiera / contava una vertebra sulla mia schiena* (...) *poi, d'improvviso, mi sciolse le mani / e le mie braccia divennero ali* (...) *volammo davvero sopra le case / oltre i cancelli, gli orti, le strade*").
Attraverso questa desacralizzazione del concepimento, Maria viene restituita definitivamente alla sua dimensione terrena, quella di donna propensa a cedere alle tentazioni che le vengono da un angelo *in carne e ossa*. Un angelo-uomo con cui familiarizza al punto che "*ogni sera scendeva a insegnarmi una nuova preghiera*". Secondo questa accezione, l'angelo diventa inquadrabile come contraltare vitalistico al "*grembo umido, scuro del tempio*" dove Maria è reclusa bambina, e il gesto sentimentale che si consuma fra i due amanti come ri-appropriativo di una sessualità troppo a lungo mortificata. Una sessualità repressa da chi ha stabilito *in vece di* Maria – la madre, i sacerdoti, il cosiddetto volere di Dio – di consacrarla a una fede imposta più che maturata. E d'altro canto, quella del "sogno dell'angelo" potrebbe costituire l'innocente bugia inventata dalla giovane sposa per non incorrere nel ripudio di un marito troppo diverso e più vecchio di lei per non risultarle estraneo.

Le ombre lunghe dei sacerdoti
costrinsero il sogno in un cerchio di voci
Con le ali di prima pensai di scappare
ma il braccio era nudo e non seppe volare
poi vidi l'angelo mutarsi in cometa
e i volti severi divennero pietra
le loro braccia profili di rami
nei gesti immobili d'un altra vita
foglie le mani, spine le dita

Voci di strada, rumori di gente
mi rubarono al sogno per ridarmi al presente
Sbiadì l'immagine, stinse il colore
ma l'eco lontana di brevi parole
ripeteva d'un angelo la strana preghiera
dove forse era sogno ma sonno non era

– Lo chiameranno figlio di Dio –
Parole confuse nella mia mente,
svanite in un sogno, ma impresse nel ventre"

Non è un caso che siano proprio i sacerdoti a interrompere *ex abrupto* il sogno di Maria. Simulacri del potere o proiezioni del super-ego mariano, nel sogno i sacerdoti stanno per sorprenderla (o la sorprendono) tra le braccia del suo angelo.

Quando questi fugge, come solo gli angeli o gli amanti sanno fuggire, le figure religiose si trasformano in figure mostruose ("*poi vidi l'angelo mutarsi in cometa / e i volti severi divennero pietra / le loro braccia profili di rami / nei gesti immobili d'un'altra vita / foglie le mani, spine le dita*"), precipitando Maria nella grigia dimensione cui è stata costretta per anni ("*mi rubarono il sogno per ridarmi al presente / Sbiadì l'immagine, stinse il colore*").

Come esclusivo retro-pensiero salvifico la predizione dell'angelo che le torna in mente nella parvenza incerta degli stati sospesi tra sogno e realtà: "- *Lo chiameranno figlio di Dio - Parole confuse nella mia mente / svanite in un sogno ma impresse nel ventre*".

E la parola ormai sfinita
si sciolse in pianto
ma la paura dalle labbra
si raccolse negli occhi
semichiusi nel gesto
d'una quiete apparente
che si consuma nell'attesa
d'uno sguardo indulgente

E tu, piano, posasti le dita
all'orlo della sua fronte:
i vecchi quando accarezzano
hanno il timore di far troppo forte

Sgravatasi dal peso del racconto (della *colpa*?) Maria si abbandona infine a un pianto liberatorio ("*e la parola ormai sfinita / si sciolse in pianto*"), aspettando, arrendevole, la reazione di Giuseppe ("*ma la paura dalle labbra / si raccolse negli occhi / semichiusi nel gesto / d'una quiete apparente / che si consuma nell'attesa / d'uno sguardo indulgente*").
L'uomo si rivelerà all'altezza del suo ruolo surrogato di marito di una moglie-bambina. Il gesto con il quale sfiora Maria ("*i vecchi quando accarezzano / hanno il timore di far troppo forte*"), ne veicola una comprensione che forse esula la fattispecie stessa. A prescindere dall'effettiva *natura* del sogno, Giuseppe *comprende* Maria in quanto soverchiato egli stesso dal cosiddetto disegno divino. Un disegno assoluto, difficile, incomprensibile, troppo più grande di entrambi e dunque declinabile, se non proprio nell'amore, nella solidarietà e nell'affetto che può instaurarsi fra individui coattati dal potere.

Ave Maria

Ave o Maria, piena di grazia il Signore è con te
Tu sei benedetta fra le donne e benedetto è il frutto del seno tuo, Gesù
Santa Maria, Madre di Dio prega per noi peccatori
adesso e nell'ora della nostra morte. Amen.

"Qui De André porta all'estremo la caratterizzazione umana di Maria. Fior di teologi e padri della chiesa, già nella notte dei tempi si contesero la propria onorabilità di studiosi con disparate e originali tesi sulla verginità *ante partum* di chi, non a caso, durante l'epoca tardoantica in Oriente veniva denominata *Theotòkos,* ovvero "colei che partorisce dio" (...) La discussione si portò su un terreno abbondantemente minato, a metà strada tra teologia e ginecologia, al punto che nel 1960 il Santo Uffizio elaborò un decreto in cui lamentava 'la crudezza delle espressioni' con cui è trattata la delicata questione della verginità *in partu* di Maria."
(Luigi Lunari, *Maria di Nazareth*)

E te ne vai, Maria, fra l'altra gente
che si raccoglie intorno al tuo passare
siepe di sguardi che non fanno male
nella stagione di essere madre

Sai che fra un'ora forse piangerai
poi la tua mano nasconderà un sorriso
gioia e dolore hanno il confine incerto
nella stagione che illumina il viso

Ave Maria, adesso che sei donna
ave alle donne come te, Maria,
femmine un giorno per un nuovo amore
povero o ricco, umile o Messia

Femmine un giorno e poi madri per sempre
nella stagione che stagioni non sente.

Il tentativo di laicizzazione dei vangeli, condotto da De André attraverso l'attribuzione di connotati realistici alle figure che li popolano, produce con l'*Ave Maria* uno dei casi più emblematici. Rispetto all'evocazione cattolica, l'*Ave Maria* deandreiana è priva infatti di ogni sfaccettatura salvifica. Non c'è alcuna santità da celebrare, non ci sono grazie da pietire, né richieste di perdono adesso e nell'ora della nostra morte, amen. Nella *preghiera* che il cantautore rivolge (non *innalza*) a Maria sono racchiusi, semmai, i topoi di una figura materna, generatrice di vita, e in virtù esclusiva di questo *beata*. Restituita immune persino ai pregiudizi della gente ("*siepe di sguardi che non fanno male / nella stagione del tuo essere madre*"). A De André che scrive l'*Ave Maria* poco importa di una verginità reale o presunta, o che Maria possa essere venuta al mondo con o senza peccato originale. Il cantautore *sacralizza* Maria per contrappasso: in quanto donna-comune (popolana, bimba e poi sposa infelice), anima salva e popolana che si fa emblema di altrettante donne comuni "*femmine un giorno e poi madri per sempre*", e ciò a prescindere dal frutto del loro grembo ("*femmine un giorno per un nuovo amore / povero o ricco, umile o Messia*). Notevole l'intuizione di Riccardo Storti che ne *I vangeli di Fabrizio De André* si sofferma su come il cantautore definisce poeticamente la maternità: "*Alla fine di ogni strofa De André dà per tre volte una definizione ogni volta diversa della maternità, unendola al dominio semantico del tempo; infatti la chiama sempre 'stagione'. Prima più semplicemente (e intuitivamente) la denomina 'stagione di essere madre', quindi – con un forte carica iconica – diventa la 'stagione che illumina il viso'; alla fine sull'onda di un abile bisticcio, fa leva sulla ciclicità miracolosa che regola la vita del pianeta, da qui a – forse – l'eternità e la trasforma nella "stagione che stagioni non sente"*.

Maria nella bottega di un falegname

"La studiosa Monica Andrisani precisa come, in questa composizione, il cantautore 'si sia spinto oltre gli Apocrifi, lavorando di fantasia, ma anche riecheggiando antichi canti e leggende popolari (...) Nel corso della sua profonda ricerca, la Andrisani porta alla luce parecchie Passioni in cui si narra (e si rappresenta) la storia di Maria che si reca presso botteghe di fabbri e falegnami intenti a preparare i chiodi o la croce del supplizio. Saremmo di fronte a un repertorio di totale natura popolare, completamente estraneo ai referenti apocrifi ma che, probabilmente, De André analizzò nel corso dei suoi studi 'preparatori' al disco"
Riccardo Storti, I vangeli secondo De André

"Era ancora il 1969, andammo a Genova per visitarlo e passare insieme un po' di tempo. Ci disse: 'Sto pensando da un bel po' a un disco sulla vita di

Gesù, ma non quello ufficiale. Sto facendo delle ricerche su testi popolari, canti e altro della tradizione bergamasca, cos'altro potrei leggere?' Fu lì che gli parlammo degli apocrifi. Ne era talmente esaltato che scendemmo, entrammo in una libreria e gliene regalammo una copia".
don Carlo Scaciga

Maria:
"Falegname col martello
perché fai den den?
Con la pialla su quel legno
perché fai fren fren?
Costruisci le stampelle
per chi in guerra andò?
Dalla Nubia sulle mani
a casa ritornò?"

Il falegname:
"Mio martello non colpisce
pialla mia non taglia
per foggiare gambe nuove
a chi le offrì in battaglia
ma tre croci, due per chi
disertò per rubare
la più grande per chi guerra
insegnò a disertare"

La gente:
"Alle tempie addormentate
di questa città
pulsa il cuore di un martello
quando smetterà?
Falegname, su quel legno
quanti corpi ormai
quanto ancora con la pialla
lo assottiglierai?"

Prima ancora che gli Apocrifi, è dunque la lettura dei testi desunti dalla tradizione popolare a fungere da motore ispirativo della *Buona novella*. Il resto lo aggiunge la fantasia di De André, come nel caso di questa ballata cruenta e pietosa al tempo stesso; anticipatrice, nel disco, dell'articolato percorso che conduce alla croce. Il brano è strutturato in forma dialogica.

Chissà se allertata da ciò che si dice in giro, o in quanto atterrita dalla piega che per Gesù hanno assunto gli eventi, Maria fa visita a un altro *figlio del popolo* – falegname come il suo Giuseppe –, comandato a preparare i legni che accoglieranno i corpi dei condannati alla morte. Tenera l'immagine della madre che dapprincipio si illude che dalla materia forgiata dal falegname scaturiscano protesi e stampelle "*per chi in guerra andò*"; e poco dopo prende invece atto di come l'uomo lavori alle tre croci destinate a "*chi disertò per rubare*" (i due ladroni) e "*la più grande per chi guerra / insegnò a disertare*". La croce più grande spetterà dunque a Gesù, in quanto colpevole di un delitto agli occhi del potere più insidioso del furto: quello della sovversione. La croce più grande è destinata a Gesù in quanto sobillatore di folle. In quanto sovvertitore dello status quo risultava essere il suo messaggio di pace ("l*a guerra insegnò a disertare*"). Quasi a ribadire la presa popolare del messaggio evangelico (e fuor di metafora della rivoluzione sessantottina) spetta ora al coro (un popolo "*dalle tempie addormentate*", cioè anestetizzate, quasi assuefatte alla violenza) esprimere il disagio per un'oppressione di cui peraltro non si intravede fine ("*Falegname, su quel legno / quanti corpi ormai / quanto ancora con la pialla / lo assottiglierai?*").

In uno strenuo tentativo di alimentare la speranza, quasi a respingere la dura realtà dei fatti, Maria chiama a raccolta le sue forze interiori, rivolgendo al falegname la domanda che avrebbe voluto rivolgergli da subito. La domanda che certo più le pesa: vuole sapere, cioè, "*quali volti sbiancheranno sopra le tue croci*". La risposta dell'uomo non lascia adito a dubbi, espressa com'è senza edulcoranti: alle "*lacrime di Dimaco e di Tito al ciglio*", il ceppo più grande (ancora una volta) "*abbraccerà tuo figlio*". Concepita come esemplare segmento di tragedia greca, *Maria nella bottega del falegname* interrompe a questo punto la sua parte dialogica e lascia – ancora una volta – la parola al Coro, interprete della voce politica del brano; stigmatizzazione collettiva di un ordine sociale mantenuto a forza di crocifissioni.

Dalla strada alla montagna
sale il tuo den den
ogni valle di Giordania
impara il tuo fren fren

L'onomatopea restituisce il rumore ininterrotto degli attrezzi che incidono il legno per le croci: da una parte, dunque, le vittime e i loro familiari ("*qualche gruppo di dolore*") costretti al "*passo inquieto*", dall'altra i carnefici che "*aspettan di far bere / a quelle seti aceto*", cioè la bevanda che si accostava alle labbra dei condannati a morte.

Via della croce

"La Via Crucis, nel senso attuale del termine, risale al Medio Evo inoltrato. Il frate domenicano Rinaldo di Monte Crucis, nel suo Liber peregrinationis *afferma attorno al 1294 di essere salito al Santo Sepolcro 'per viam, per quam ascendit Christus, baiulans sibi crucem', e ne descrive le varie 'stationes': il palazzo di Erode, il Litostrato, dove Gesù fu condannato a morte, il luogo dove incontrò le donne di Gerusalemme, il punto in cui Simone di Cirene prese su di sé la croce del Signore...*
Il soggetto delle stazioni era vario perché si univano fatti scritti nei Vangeli con altri narrati da scritti cristiani definiti apocrifi, quali le tre cadute di Gesù sotto la croce, l'incontro di Gesù con la madre, l'incontro con la Veronica".
A. C. Puorger

Poterti smembrare coi denti e le mani
sapere i tuoi occhi bevuti dai cani
di morire in croce puoi essere grato
a un brav'uomo di nome Pilato

Ben più della morte che oggi ti vuole
t'uccide il veleno di queste parole
le voci dei padri di quei neonati
da Erode per te trucidati.

Nel lugubre scherno degli abiti nuovi
misurano a gocce il dolore che provi;
trent'anni hanno atteso col fegato in mano
i rantoli d'un ciarlatano

Con *Via della croce* si arriva forse al momento topico dell'album. È il passaggio dove viene espressa e si concentra per intero la portata rivoluzionaria della nascita, della predicazione, del martirio di Cristo. Una *venuta al mondo* che, nel bene e nel male, segna i destini dei suoi contemporanei. Fabrizio De André declina la sua tesi attraverso cinque inquadrature, rappresentative degli stati d'animo sviluppatisi attorno alla figura di Cristo. La prima di queste riguarda coloro che nei confronti di Gesù hanno alimentato un livore senza pari ("*poterti smembrare coi denti e le mani / sapere i tuoi occhi bevuti dai cani*"), al punto da plaudire alla condanna a morte decretata da Pilato ("*di morire in croce puoi essere grato / a un brav'uomo di nome Pilato*"). Sono i padri dei primogeniti fatti uccidere da Erode in vece sua che "*trent'anni hanno atteso / col fegato in mano*" di consumare la loro vendetta ("*i rantoli di un ciarlatano*").
Se è vero che De André non sottace la portata rivoluzionaria della predicazione di Cristo, è vero che ne segnala anche il fallimento. Queste strofe sembrerebbero infatti riflettere proprio intorno all'*inutilità* del suo messaggio e della sua immolazione ("*non si può dire che sia servito a molto / perché il male dalla terra non fu tolto*" scriveva già in *Si chiamava Gesù*). Ferito più che dallo scherno dei soldati romani ("*nel lugubre scherno degli abiti nuovi*", cioè mascherato a forza da falso re dei Giudei) e dalle ferite del corpo, dal livore con cui viene espressa la rabbia dei padri ("*Ben più della morte che oggi ti vuole / l'uccide il veleno di queste parole*").

Si muovono curve le vedove in testa,
per loro non è un pomeriggio di festa;
si serran le vesti sugli occhi e sul cuore
ma filtra dai veli il dolore:

fedeli umiliate da un credo inumano
che le volle schiave già prima di Abramo,
con riconoscenza ora soffron la pena
di chi perdonò a Maddalena,

di chi con un gesto soltanto fraterno
una nuova indulgenza insegnò al Padreterno,
e guardano in alto, trafitti dal sole,
gli spasimi d'un redentore.

Di tono diverso è la terzina riguardante "*le vedove*", rappresentanza di una femminilità oltraggiata ("*fedeli umiliate da un credo inumano / che le volle schiave già prima di Abramo*") e dunque capace di compassione nei confronti di un uomo che "*una nuova indulgenza insegnò al Padreterno*". Gesù dà infatti la stura a una religione dai connotati non verticistici, fondata sulla fratellanza più che sulla forza che viene dal lignaggio sacerdotale. È ribadita qui, una volta di più, la sovversione implicita al vangelo di Cristo: il suo schierarsi al fianco degli esclusi, il suo essere dalla parte dei derelitti, dei sopraffatti dalla storia. Trasmutando, se non altro in linea teorica, l'idea biblica del Dio-vendicatore in quella di Dio-Padre di misericordia. In linea con lo sguardo proto-femminista con cui Gesù guarda alla donna, De André abilita le figure femminili della *Buona novella* a farsi in qualche modo continuatrici del ribellismo compassionevole che era di Cristo. Quasi a ribadire che violenza e vigliaccheria sono prerogative esclusivamente maschili.

Confusi alla folla ti seguono muti,
sgomenti al pensiero che tu li saluti
"A redimere il mondo" gli serve pensare
il tuo sangue può certo bastare

La semineranno per mare e per terra
tra boschi e città la tua buona novella
ma questo domani, con fede migliore
stasera è più forte il terrore

Nessuno di loro ti grida un addio
per esser scoperto cugino di Dio
gli apostoli han chiuso le gole alla voce
fratello che sanguini in croce

Gli apostoli di Gesù non sono cattivi. Sono piuttosto uomini che sulla via della croce hanno paura. Qualcuno di loro c'era, la notte del Getsemani, quando Cristo venne lasciato solo, preda dei fantasmi del proprio smarrimento, mentre essi cedevano al sonno ("*E venne dai suoi discepoli e li trovò dormienti e disse a Pietro: Così non avete potuto per un'ora sola vegliare con me?*", Matteo 26.36-46). Rispetto a Gesù, gli apostoli sono uomini piccoli. Uomini *qualsiasi* terrorizzati dai drammatici accadimenti che hanno portato alla cattura del loro maestro. La rivoluzione – pur se disarmata, com'è la rivoluzione di Cristo – è una scommessa che non si sentono di giocare fino in fondo. Non ora, non adesso, di fronte a quel sangue, quelle lance, quegli sputi, quegli urli della folla. Fabrizio De André non li giudica, ancora una volta non biasima, restituendo il loro terrore da complice compassionevole ("*la semineranno per mare e per terra / tra boschi e città la tua buona novella / ma questo domani, con fede migliore / stasera è più forte il terrore*"). Ci sta che ancora una volta girino le spalle al Maestro, assistendo pavidi alla sua via della croce, evitandone gli sguardi per il timore di essere riconosciuti come suoi discepoli ("*nessuno di loro ti grida un addio / per esser scoperto cugino di Dio*"), autoconvincendosi che il sangue di Cristo, e soltanto il suo, potrà bastare a redimere del mondo ("*A redimere il mondo gli serve pensare / il tuo sangue può certo bastare*").

Han volti distesi, già inclini al perdono,
ormai che han veduto il tuo sangue di uomo
fregiarti le membra di rivoli viola,
incapace di nuocere ancora.

Il potere vestito d'umana sembianza,
ormai ti considera morto abbastanza
e già volge lo sguardo a spiar le intenzioni
degli umili, degli straccioni.

Ma gli occhi dei poveri piangono altrove,
non sono venuti a esibire un dolore
che alla via della croce ha proibito l'ingresso
a chi ti ama come se stesso

Il quarto quadro riprende il calvario dal punto di vista del potere. Dei suoi detentori come dei suoi emissari. Nel constatare che l'infido sovvertitore nulla ha di sovrannaturale – lungo il cammino che lo conduce al Golgota, soffre e sanguina come un qualsiasi mortale ("*ormai che han veduto il tuo sangue di uomo*") –, sfoggiano "*volti distesi, già inclini al perdono*". Hanno vinto ancora, ma ancora non gli basta: consapevoli di come la buona novella attecchisca sugli "*umili*" e gli "*straccioni*" indagano tra la folla alla ricerca di quel popolo che piange Gesù di un amore sincero. Il popolo che, *in quel momento*, staziona "*altrove*". Lontano dall'impietoso calvario che vede il loro portavoce *divino* abbassato al rango di *uomo comune,* prossimo a morire ("*ma gli occhi dei poveri piangono altrove / non sono venuti a esibire un dolore / che alla via della croce ha proibito l'ingresso / a chi ti ama come se stesso*"). Forti della sua predicazione saranno *loro* (gli umili) a ereditare la Terra, prosecutori ideali di un messaggio di salvezza terrena che per la prima volta li chiama a protagonisti. Un quarto stato ante-litteram che sull'esempio dell'uomo-Gesù, si affaccia con sguardo diverso sul proscenio della storia.

Sono pallidi al volto, scavati al torace
non hanno la faccia di chi si compiace
dei gesti che ormai ti propone il dolore
eppure hanno un posto d'onore

Non hanno negli occhi scintille di pena
non sono stupiti a vederti la schiena
piegata dal legno che a stento trascini
eppure ti stanno vicini

Ulteriormente diverso è il punto di vista dei ladroni, condannati alla croce insieme a Gesù. Loro "*non hanno la faccia di chi si compiace / dei gesti che ormai ti propone il dolore / eppure hanno un posto d'onore*". Una vita difficile li ha resi disincantati anche di fronte la sofferenza, propria e altrui. Però non sbeffeggiano, non sentenziano su colui che si autoproclama "figlio di Dio" e che adesso muore *piegato* né più né meno che un criminale qualsiasi. Al contrario, quasi solidarizzano con lui contro un potere somministratore di morte. Un potere che uccide indiscriminatamente il santo e il peccatore, il disarmato e il fuorilegge, il re dei Giudei e due nessuno. L'invocazione laica che De André rivolge infine a Gesù è spesa all'insegna di un umanesimo che rende simili i primi e gli ultimi della storia:

Perdonali se non ti lasciano solo
se sanno morir sulla croce anche loro
a piangerli sotto non han che le madri
in fondo, son solo due ladri.

Tre madri

"Siamo sotto il calvario e vediamo tre madri piangere l'imminente morte dei loro tre figli. Crocifissi. Noi sappiamo anche da Matteo, Marco, Luca e Giovanni, cioè dall'ufficio stampa di Gesù Cristo, che crocifisso non fu solo Gesù ma anche due ladroni di cui uno buono e uno cattivo. Chissà perché poi uno buono e uno cattivo, a Gesù la cosa sicuramente non sarebbe piaciuta, non era solito fare di queste distinzioni"
Fabrizio De André

Madre di Tito:
"Tito, non sei figlio di Dio
ma c'è chi muore nel dirti addio".

Madre di Dimaco:
"Dimaco, ignori chi fu tuo padre
ma più di te muore tua madre".

Le due madri:
"Con troppe lacrime piangi, Maria
solo l'immagine d'un'agonia
sai che alla vita, nel terzo giorno
il figlio tuo farà ritorno
lascia noi piangere, un po' più forte
chi non risorgerà più dalla morte"

Nei vangeli canonici la scena della croce viene occupata da tre presenze femminili: Maria, Maria di Clèofa (sorella di Maria) e Maria Maddalena. La lettura apocrifa di De André, parafrasa svolgimento e portata del contesto, sostituendo tanto la sorella di Maria quanto Maddalena con le madri dei due ladroni crocefissi con Gesù. Gli serve per comprovare come lo strazio sperimentato davanti alla morte di un figlio equipari in intensità tanto le madri dei poco di buono quanto le madri dei santi martiri ("*Tito, non sei figlio di Dio / ma c'è* chi muore nel dirti addio (...) "*Dimaco, ignori chi fu tuo padre / ma più di te muore tua madre*"). La prima parte della ballata si concentra esclusivamente sul dolore delle madri di Tito e di Dimaco, *colpite* dalle lacrime di Maria al punto da confortarla e rimbrottarla al contempo: "*Con troppe lacrime piangi, Maria, solo l'immagine di un'agonia / sai che alla vita, nel terzo giorno / il figlio tuo farà ritorno*", le dicono. E subito dopo: "*Lascia noi piangere, un po' più forte / chi non risorgerà più dalla morte*". Le madri dei due ladroni sono consapevoli della disparità che, persino *in aeternum*, viene riservata a chi non vanta nessuna parentela con il Cielo: Dimaco e Tito muoiono da malfattori, da miserabili, la resurrezione sarà loro preclusa, come preclusa gli è stata, nella vita, ogni alternativa al delitto. Lo sguardo con cui le due madri osservano il progressivo spirare dei loro figli è crudo, realista al punto da rasentare l'impietoso. Attraverso lo sguardo di entrambe, De André sembra rimarcare come gli oppressi muoiano come hanno vissuto, cioè muoiano *e basta*, senza nemmeno l'edulcorante speranza di una vita eterna. Il successivo monologo di Maria spiega, in realtà, come essa stessa sia vittima del potere, di un disegno che la sovrasta, enormemente più grande di lei. Costretta a sottomettersi a un volere divino (?) che adesso respinge con forza, e che in fondo non ha mai accettato del tutto: "*non fossi stato figlio di Dio / ti avrei ancora per figlio mio*", bestemmia sotto la croce. La promessa incerta della resurrezione del figlio dunque non consola Maria, le sue lacrime sono sincere, il suo dolore è terreno, ancora una volta carnale ("*Piango di lui ciò che mi è tolto / le braccia magre, la fronte, il volto*"). Maria soffre da madre, non certo da madre del Figlio di Dio ("*Per me sei figlio, vita morente / ti portò cieco questo mio ventre / Come nel grembo e adesso in croce / ti chiama amore questa mia voce*"). Soffre per suo figlio crocefisso, prescindendo dall'eco salvifico di cui è stato invano portatore ("*figlio nel sangue, figlio nel cuore / e chi ti chiama Nostro Signore / nella fatica del tuo sorriso / cerca un ritaglio di Paradiso*").

Madre di Gesù:
"Piango di lui ciò che mi è tolto
le braccia magre, la fronte, il volto

ogni sua vita che vive ancora
che vedo spegnersi ora per ora

Figlio nel sangue, figlio nel cuore
e chi ti chiama – Nostro Signore –
nella fatica del tuo sorriso
cerca un ritaglio di Paradiso

Per me sei figlio, vita morente
ti portò cieco questo mio ventre
come nel grembo, e adesso in croce
ti chiama amore questa mia voce

Non fossi stato figlio di Dio
t'avrei ancora per figlio mio"

Il testamento di Tito

"L'ultima canzone dell'album è il momento più alto de La buona novella, *perché Tito, il cosiddetto ladrone buono, confutando tutti i dieci comandamenti mette in risalto la contraddizione che c'è fra chi sta al potere, cioè cerca di fare le leggi a sua immagine e somiglianza, e invece chi le leggi è costretto a subirle certe volte anche contro il proprio interesse (...) Insieme ad* Amico fragile, *la mia miglior canzone. Dà un'idea di come potrebbero cambiare le leggi se fossero scritte da chi il potere non ce l'ha. È un altro di quei pezzi scritti col cuore, senza paura di apparire retorici, che riesco a cantare ancora oggi, senza stancarmene"*
Fabrizio De André

Tito è dunque il "buon ladrone" dei vangeli canonici. Colui che si guadagna la salvezza grazie al pentimento in punto di morte ("*Gesù, ricordati di me quando entrerai nel tuo Regno". "In verità ti dico: oggi sarai con me in Paradiso*", Luca 23, 39-43). Gli apocrifi tacciono sui toni del dialogo (presunto), e, del resto, a De André poco interessa l'edulcorazione di Tito, "anima salva" già di per sé, condannata dal Sistema alla marginalità, quindi alla pena di morte. Fabrizio De André affida al ladro (al ladro *e basta, né buono né cattivo,* nella *Buona novella* non si assegnano attribuzioni di merito) l'ultima parola del suo disco più poetico e irredento. Attraverso la confutazione delle leggi sacre, il ladro si fa portavoce del riscatto e insieme della blasfemia più vigorosa che si possa rivolgere al Cielo dei privilegiati. Con la capillare contestazione dei dogmi, della morale, di ogni valore imposto in nome di un Dio fittizio, inventato dai potenti per il mantenimento dei loro privilegi, *Il testamento di Tito* rivela il punto di vista degli oppressi di ogni tempo. Si (im)pone come l'atto di dolore e insieme la denuncia di chi le leggi sacre non le ha scritte, e le ha piuttosto *sofferte.* Il gesto di accusa è manifesto: per voce di Tito, l'anarchismo di Fabrizio De André interseca intimamente il messaggio rivoluzionario di Cristo, esfoliandolo da ogni fronzolo agiografico e metafisico. *Il Testamento di Tito* discende, più che mai, dalle istanze sessantottine: Tito, figlio del popolo (fuori metafora, un ladro-proletario, un politicizzato giocoforza) demitizza la figura del Padre contestandone il Verbo (la subdola teleologia, le leggi autoreferenziali), riconducendolo al rango di imputato eccellente per reiterata azione sopraffattiva. La condanna è implicita e senza alcun appello: si salva Gesù *("io nel vedere quest'uomo che muore / madre, io provo dolore")*, in quanto umile e lasciato solo, in primo luogo da Colui nel quale aveva creduto ("*Dio mio, Dio mio, perché mi hai abbandonato*", Marco 15,33-37). Una vittima, a sua volta, dell'azione coercitiva esercitata dalle classi egemoni.

Tito:
Non avrai altro Dio all'infuori di me
spesso mi ha fatto pensare
genti diverse venute dall'est
dicevan che in fondo era uguale

Credevano a un altro diverso da te
e non mi hanno fatto del male
Credevano a un altro diverso da te
e non mi hanno fatto del male

Non avrai altro Dio all'infuori di me, rivela – *ab origine* – il dogma autoreferente su cui poggia la dottrina cattolica. Tito ne contesta la rigidità, allargando la professione di fede a coloro i quali si professano appartenenti ad altre confessioni (*"genti diverse venute dall'est / dicevan che in fondo era uguale / credevano a un altro diverso da te / e non mi hanno fatto del male"*). La fissità integralista del primo comandamento si dissolve sotto-testo in un appello alla tolleranza: *dovunque c'è il bene c'è Dio.* O meglio: c'è l'utopia rivoluzionaria portata avanti dal messaggio di Cristo.

Non nominare il nome di Dio
non nominarlo invano
Con un coltello piantato nel fianco
gridai la mia pena e il suo nome

ma forse era stanco, forse troppo occupato
e non ascoltò il mio dolore
Ma forse era stanco, forse troppo lontano
davvero lo nominai invano

Qui si sfiora il tema del così detto "silenzio di Dio" (in alcune circostanze un silenzio sperimentato persino da Gesù). Detta fuori dai denti: nel momento del bisogno, Dio non c'è. Hai voglia a gridare "*la mia pena / e il suo nome*", Dio è da sempre il grande assente. Un concetto vago che non incide sulla buona o la cattiva sorte degli uomini. Compresi gli uomini che confidano in lui (*"ma forse era stanco, forse troppo occupato / e non ascoltò il mio dolore / Ma forse era stanco, forse troppo lontano / davvero lo nominai invano"*).

Onora il padre, onora la madre
e onora anche il loro bastone
bacia la mano che ruppe il tuo naso
perché le chiedevi un boccone

quando a mio padre si fermò il cuore
non ho provato dolore
Quanto a mio padre si fermò il cuore
non ho provato dolore

Poste dalla legge su un piedistallo di onnipotenza, le figure genitoriali rappresentano i surrogati terreni di Dio. Ne sono, come dire, la *longa manus,* attraverso cui perpetuare la legge valoriale dei padri, votata all'obbedienza supina e al rispetto unilaterale. Ma fino a che punto è lecito amare chi educa con la forza? Baciare "*la mano che ruppe il tuo naso / perché le chiedevi un boccone*"? Anche in questo passaggio, *La buona novella* si rivela intrinseca alla rivoluzione sessantottesca, che, fra i tanti ruoli, demistifica il ruolo del padre ("*quando a mio padre si fermò il cuore / non ho provato dolore*").

Ricorda di santificare le feste
Facile per noi ladroni
entrare nei templi che rigurgitan salmi
di schiavi e dei loro padroni

senza finire legati agli altari
sgozzati come animali

Alle prese con il quarto comandamento, il "buon ladrone" denuncia il contenuto ipocrita del rito religioso. Le cose stanno così: la chiesa necessita dei potenti, e i potenti si servono della chiesa per le loro passerelle lava-coscienza ("*Guai a voi scribi e farisei ipocriti, che rassomigliate a sepolcri imbiancati*" ammoniva Gesù. Matteo 23,23-39). Il Tempio – lo stesso in cui venne rinchiusa Maria bambina – pullula insomma "*di schiavi e dei loro padroni*", abbonda cioè di egoismo e ipocrisia.

Il quinto dice non devi rubare
e forse io l'ho rispettato
vuotando, in silenzio, le tasche già gonfie
di quelli che avevan rubato

ma io, senza legge, rubai in nome mio
quegli altri nel nome di Dio
Ma io, senza legge, rubai in nome mio
quegli altri nel nome di Dio

Tito ruba per interesse proprio, senza fini reconditi. "*Quegli altri*" – i ricchi, i sacerdoti, gli esattori – ammantano invece il loro latrocinio di nobili intenti, rubando "*nel nome di Dio*". La dicotomia può rimarcarsi con altre parole: Tito – uomo e ladro sopravvivente, anarchico, "*senza legge*" – ruba per sfangarla un giorno di più (peraltro "*svuotando le tasche già gonfie / di quelli che avevan rubato*"), "*quegli altri*", pure se mossi dallo stesso egoismo, rubano mistificando il loro rubare attraverso i pretesti dei ricchi e dei potenti della terra.

Non commettere atti che non siano puri
cioè non disperdere il seme
Feconda una donna ogni volta che l'ami
così sarai uomo di fede

Poi la voglia svanisce e il figlio rimane
e tanti ne uccide la fame
Io, forse, ho confuso il piacere e l'amore
ma non ho creato dolore

La liberazione sessuale del Sessantotto cassa radicalmente l'assioma della morale cattolica sesso=amore. Mosso dal libertarismo deandreiano, Tito rivendica il diritto di confondere "*il piacere e l'amore*" in nome di una *pianificazione* delle nascite ante-litteram. È più grave copulare generando figli che non si potranno mantenere ("*poi la voglia svanisce e il figlio rimane / e tanti ne uccide la fame*"), oppure fornicare per l'esclusivo piacere di farlo?

In totale congruità con lo spirito degli anni in cui viene scritta, *La buona novella* deandreiana leva l'indice contro lo Stato (altro surrogato terreno di Dio), artefice di leggi indiscutibili, liberticide, persino omicide. Le leggi secondo le quali condanna ladri poveri cristi e Cristo stesso, senza colpa, contraddicendo peraltro il comandamento che recita non ammazzare ("*Guardatela oggi, questa legge di Dio / tre volte inchiodata nel legno / guardate la fine di quel Nazareno / e un ladro non muore di meno*").
Tradotto dal vangelo anarchico di De André, con le parole della canzone prossima ventura *Nella mia ora di libertà* (*Storia di un impiegato*): "*Certo bisogna farne di strada / da una ginnastica d'obbedienza / fino ad un gesto molto più umano / che ti dia il senso della violenza / Però bisogna farne altrettanta / per diventare così coglioni / da non riuscire più a capire / che non ci sono poteri buoni*".

Il discorso sull'amministrazione della giustizia coinvolge anche il comandamento che vieta la falsa testimonianza. Secondo Tito, la delazione può comportare la condanna a morte di un essere umano. Per questo si dichiara favorevole alla menzogna a fin di bene, non riconoscendosi in concetti mistificatori come quello di Dio e dell'onore. (*"ho spergiurato su Dio e sul mio onore / e no, non ne provo dolore")*. Meglio la sfacciataggine terra-terra di Tito che le falsità di soloni e sacerdoti che fanno sfoggio delle leggi divine, sorvolando su quella fondamentale del perdono ("*lo sanno a memoria il diritto divino / e scordano sempre il perdono*").

Il senso del possesso genera l'invidia verso cose e persone altrui. Da anarchico-ante litteram, e con una certa legittimità, Tito non crede nella *proprietà* privata, meno che mai crede che qualcuno possa appartenere a qualcun'altro. Per ciò questa strofa del suo *Testamento* assembla il nono e il decimo comandamento, incentrandosi soprattutto sul divieto di desiderare le donne altrui. All'atto sessuale coniugale – inteso come atto spesso doveroso, privo di slanci –, Tito privilegia l'atto sessuale mosso dal desiderio fine a se stesso, e questo lo solleva dai sensi di colpa ("*nei letti degli altri già caldi d'amore / non ho provato dolore*").
La sola invidia sperimentata nei confronti dei farisaici detentori di donne e potere, è quella della vita, che secondo una giustizia per privilegiati, tra poco gli verrà sottratta come ennesima prevaricazione.

Le ultime due quartine sono permeate da un'aura crepuscolare, quasi pacificata. Il buio sta calando sul Golgota come una finale indulgenza ("*ma adesso che viene la sera ed il buio / mi toglie il dolore dagli occhi*"). Il livore con cui il ladro buono ha decostruito le leggi di Dio (o dell'uomo?), si stempera ora in un sentimento di pietà, maturato nei confronti di Gesù che sulla croce sta spegnendosi come uomo qualunque ("*io nel vedere quest'uomo che muore / madre, io provo dolore / Nella pietà che non cede al rancore/ madre, ho imparato l'amore*"). Risiede in questa *pietas*, in questo estremo e gratuito senso di comunanza, la vera redenzione del cosiddetto buon ladrone. Nessun tardivo atto di dolore, nessun pentimento, soltanto il sentirsi per la prima volta *vicino* a un altro essere umano, tanto diverso eppure così simile a Tito. Simile nel dolore quanto nell'appartenenza alla progenie degli sconfitti, umiliati nella vita come nella morte.

Laudate Hominem

Come Laudate Dominum *aveva aperto l'album, il coro di* Laudate hominem *lo chiude. Su una musica che ben rende l'idea di una grande preghiera laica, il coro degli umili e degli straccioni giudica il potere colpevole di avere ucciso un innocente nel nome di Dio e di essersi assolto nel nome dello stesso Dio. Poi chiamò Dio quell'uomo e nel suo nuovo nome altri uomini uccise. Le tre strofe sono scandite da un'espressione quasi identica che ritorna tre volte cambiando solo il verbo voglio con posso e infine con devo. "Non voglio pensarti figlio di Dio ma figlio dell'uomo, fratello anche mio"*
Matteo Borsani, Luca Maciacchini, Anima salva

Laudate dominum
Laudate dominum
Gli umili, gli straccioni:
"Il potere che cercava
il nostro umore
mentre uccideva
nel nome d'un dio
nel nome d'un dio
uccideva un uomo
nel nome di quel dio
si assolse

Poi, poi chiamò dio
poi chiamo dio
poi chiamò dio quell'uomo
e nel suo nome
nuovo nome
altri uomini
altri, altri uomini
uccise "

Non voglio pensarti figlio di Dio
ma figlio dell'uomo, fratello anche mio.

Il cerchio si chiude con un ritorno alla terra. Dal *Laudate Dominum* di apertura al *Laudate hominem* che sfuma il disco con blasfema e identica solennità. I derelitti esclusi dalla via della croce (una sorta di *Quarto stato* Avanti Cristo) recuperano la voce e diventano giudici. Diventano Coro capace di sentenza, e in quanto Coro capace di sentenza decretano la condanna del potere. Il potere dei sacerdoti e dei legiferatori che uccide un innocente in nome di Dio, salvo strumentalizzarne poi la predicazione, eleggerlo a Dio per continuare a uccidere in suo nome. Nella circostanza si stigmatizza il legame intrinseco che lega gli apparati religiosi a quelli di potere. Un continuum storico. Un'alleanza subdola, consumata all'insegna di una doppia coercizione legislativa: da una parte i comandamenti che impongono l'accettazione supina del presunto volere di Dio (pena la condanna eterna), dall'altro le leggi dei potenti che costringono il popolo a un'obbedienza cieca e senza scelta. La distanza ontologica di Cristo rispetto a tutto questo risulta evidente alla folla degli esclusi, che in un rigurgito solidale e ribellista al tempo stesso, lo percepiscono come *loro*. Sottraendolo all'estrazione divina lo *avvertono* come simile, appartenente a una dimensione comune che si declina in un solidarismo dalla vis dirompente ("*Non voglio pensarti figlio di dio* – cioè distante, potente, guerreggiante – *ma figlio dell'uomo, fratello anche mio*").
Le ultime due strofe ribadiscono l'estrazione *laica* della capacità di perdono. Un perdono che è stata cifra peculiare dell'uomo-Gesù ("*un dio che il male non volle / il male non volle finché restò uomo*", cioè finché il suo nome non venne poi santificato allo scopo di uccidere e sopraffare altri uomini). Non il perdono dei peccati secondo dottrina (il perdono dal peccato sterile, discendente dalla trasgressione ai dieci comandamenti) ma il perdono impossibile, inumano, dell'unico peccato per cui non c'è perdono: quello della condanna a morte di un uomo innocente.
"Padre perdona loro perché non sanno quello che fanno", si legge nel vangelo canonico di Luca (23.34-44) riferito alle parole estreme di Gesù agonizzante sulla croce. "*Loro*" – cioè gli uomini di chiesa e di potere, la plebaglia assoldata allo scopo, i carnefici – sapevano invece bene quel che facevano. Con la scusa della blasfemia (ancora una volta con la scusa di Dio) si levavano di torno un capopopolo. Il capopopolo più pericoloso. Un refrattario alle leggi dei ricchi, dei padroni, dei potenti. Uccidevano il sovversivo *in pectore* che attraverso una *nuova* buona novella – fondata sulla compassione piuttosto che sul timore di Dio – restituiva ai paria un'estrema ragione per continuare a sperare.

Il Sessantotto secondo De André
(prima, durante e dopo *La buona novella*)

"Distruggete tutto ciò in cui avete creduto finora, buttate a mare tutto ciò che fino a ieri rappresentava il basamento della vostra vita: vi sembrava granito e non era che pietra pomice, vi sembrava eterno ed è invece friabile e inutile"
Herbert Marcuse

"Il '68 io l'ho vissuto a contatto con questi gruppi di estrema sinistra, partecipando al tentativo di rinnovamento; non li ho seguiti, perché di solito un artista, indipendentemente dall'ideologia, è un coniglio individualista. Mai avrei fatto la lotta armata. Condividevo quasi tutti quelli che oggi vengono definiti gli eccessi sessantottini, anche perché li avevo quasi promossi, attraverso le mie canzoni. Se alle manifestazioni un autonomo sgangherato iniziava a tirare pistolettate, questo non lo condividevo sicuramente, ma condividevo la rivolta contro un certo modo di gestire la società che non teneva minimamente conto della società stessa. Volevamo diminuire la distanza tra il potere e la società. Abbiamo ottenuto diverse vittorie: pensa solo alla liberazione sessuale, frutto del '68, purtroppo frustrata dalla paura dell'Aids, o alla libertà d'informazione, che allora non esisteva realmente. Certo, ho anche fatto concerti in mezzo a bombe molotov e lacrimogeni. Ma il '68 è stato una rivolta spontanea, e il fatto che non sia riuscita forse è un bene, se è vero che il grosso problema di ogni rivoluzione è che, una volta preso il potere, i rivoluzionari cessano di essere tali per diventare amministratori"
Fabrizio De André, Il Mucchio Selvaggio (Settembre 1992)

La buona novella di Fabrizio De André nasce dunque come metonimia del Sessantotto. Dentro metafora ne trasferisce *animus* e intenti alla canzone d'autore. L'album è talmente gravido di istanze sessantottine, da rivelarsi capitolo iniziale del dittico sul '68 comprendente anche *Storia di un impiegato* (1973). La dissomiglianza di interpreti e contesti fra i due lavori è infatti solo apparente: ne *La buona novella* la rivoluzione mancata e a posteriori strumentalizzata di Gesù, in *Storia di un impiegato* il tentativo di rivolta del Bombarolo, sfruttato a sua volta dal Sistema.

In *Laudate hominem*: *"il potere che cercava il nostro umore mentre uccideva nel nome d'un dio uccideva un uomo nel nome di quel dio si assolse"*; e in *Sogno numero due*: *"Ascolta, una volta un giudice come me giudicò chi gli aveva dettato la legge: prima cambiarono il giudice e subito dopo la legge"*.

Nell'album-concept ambientato ai tempi di Gesù, la soldataglia romana e i sacerdoti, in *Storia di un impiegato* i "*celerini*" e i "*vostro onore... figlio di troia*". In uno, il pavido arretrare degli apostoli sulla *Via della croce* ("*gli apostoli han chiuso le gole alla voce / fratello che sanguini in croce*"), in *Canzone del maggio*, l'ignavo atteggiamento dei borghesi di fronte alla repressione studentesca compiuta dalla polizia ("*Anche se avete chiuso / le vostre porte sul nostro muso / la notte che le pantere ci mordevano il sedere / Lasciandoci in buonafede massacrare sui marciapiede*").

Come dire che il potere alimenta se stesso *ab origine*, perpetrando i propri scopi ai danni della povera gente. L'insistito sguardo anti-Sistema è l'eredità più affilata e salvifica del lungo Sessantotto italiano (e non solo), *La buona novella* ne (r) accoglie il punto focale, coagulo del credo anarchico, della poetica, dell'umanesimo deandreiano attestato fra gli oppressi. È anti-iconica e sessantottina la figura di Maria, restituita alla sua corporeità e persino a una parvenza erotica. È portatrice di ribellismo sessantottino la figura solo evocata di Gesù, ricondotta a una dimensione umana e più degna di attenzione: quella di proto-rivoluzionario, il più grande rivoluzionario della Storia. Se si tralascia questo dettaglio – cioè il dettaglio della forza divergente/sconvolgente insita nella *Buona novella* –, la scelta operata da De André per il suo album del 1970 potrebbe apparire persino reazionaria, quando di quegli anni di stratificato sovvertimento valoriale rappresenta invece l'onda lunga e più espressiva. Il Sessantotto ai tempi di Gesù, si potrebbe parafrasare riferendosi a *La buona novella*. L'humus è lo stesso, e assunti a simboli, i personaggi pure. L'evangelo controverso di Gesù, e i moniti disalienanti di Herbert Marcuse, per dirne uno tra i filosofi più popolari nel '68: *"In questa società l'apparato produttivo tende a diventare totalitario nella misura in cui determina non soltanto le occupazioni (...) ma anche i bisogni e le aspirazioni individuali. In tal modo esso dissolve l'opposizione tra esistenza privata ed esistenza pubblica, tra i bisogni individuali e quelli sociali. La tecnologia serve per istituire nuove forme di controllo sociale e di coesione sociale, più efficaci e più piacevoli. Noi viviamo e moriamo in un mondo razionale e produttivo. Noi sappiamo che la distruzione è il prezzo del progresso, così come la morte è il prezzo della vita; che rinuncia e fatica sono condizioni necessarie del piacere e della gioia; che l'attività economica deve proseguire, e che le alternative sono utopiche. Questa ideologia appartiene all'apparato stabilito della società: è un requisito del suo regolare funzionamento, fa parte della sua razionalità."*

Nella buona novella deandreiana i sacerdoti personificano il conformismo e la prepotenza del potere. Il resto dei personaggi che, di traccia in traccia, col potere deve fare i conti, sono espressione di una società pre-sessantottina. La società miope, classista, maschilista, asservita ai valori trasmessi dalle leggi divine. Una società che l'uomo-Gesù scompagina sin dalle fondamenta attraverso una parola, prima ancora che di Dio, parola dell'uomo. Il Gesù profeta della rivoluzione del Sessantotto è un uomo che poco o niente ha a che vedere con l'assoluto e i suoi ministri, in quanto poco o niente ha a che vedere con l'onnipotenza. Il Gesù della *Buona novella* ha una fisionomia umana molto netta, poco eterea, riflesso fedele del dolore degli uomini. È un Gesù la cui parola – accogliente, non giudicante, egalitaria – risulta interpretabile senza mediazioni. Gesù non assolve e non condanna, in quanto, da libertario, non crede nella colpa, se non nella colpa sociale del potere che costringe il popolo all'infelicità.

Come rimarca Roberto Vecchioni, in una dispensa universitaria incentrata su Dio nella canzone d'autore: *"L'afflato di Fabrizio è fortemente, tortuosamente terreno, è l'uomo il centro morale, il valore primo dell'universo; ogni cosa parte dall'uomo e nell'uomo ha il suo epilogo. È l'uomo in questo buio inspiegabile a crearsi alibi, distrazioni e sogni, è l'uomo a subire da altri uomini e infine è l'uomo ad essere il primo incolpevole, costretto, obbligato dalla natura e dalla nascita a quelle deviazioni dalla norma che altri chiamano peccato e che invece sono difese al proprio esistere. Tutto ciò è già presente nel* Volume I *del '67. Ma De André crede in Dio? Parrebbe di no. Dio è invenzione del potere per avere la scusa di comandare in suo nome e giustificare a suo nome ogni bassezza. Eppure quanto è certo che per lui Gesù fosse un uomo* (Si chiamava Gesù) *sia pur grande e rivoluzionario, altrettanto incerto se di là del Dio del potere, quello finto, quello inventato, De André non veda un altro Dio e cioè il suo dei poveri, dei disadattati."*

All'infuori della casta sacerdotale, poveri e, in un modo o nell'altro, disadattati,

risultano tutti i protagonisti principali de *La buona novella*. Maria, Giuseppe, i ladroni, le loro madri, lo stesso Gesù, altro non sono che gente del popolo, umile e illusa da un sogno: il sogno del Dio fittizio creato dai potenti a esclusivo beneficio loro.
Come acutamente rilevato dallo scrittore Michael Andreas Helmuth Ende: *"Quando si tratta di controllare gli esseri umani non c'è miglior strumento della menzogna. Perché, vedete, gli esseri umani vivono di credenze. E le credenze possono essere manipolate. Il potere di manipolare le credenze è l'unica cosa che conta."*

A Fabrizio De André non interessa affatto un disco apologetico su Gesù. Non interessa celebrarne la venuta al mondo in quanto incarnazione di Dio in terra. Ciò che una volta di più andrebbe ribadito, è come a De André interessi piuttosto comprovare la straordinarietà di un semplice uomo rispetto a un tempo ottuso, dimostrare come Gesù abbia speso i suoi trent'anni in maniera contro-tendente, insegnando al mondo, più che la remissione dei peccati che non esistono, il sentimento della compassione, nel senso autentico cui l'etimologia del termine rimanda (dal latino: *cum* insieme *patior* soffro, cioè soffrire insieme, comunanza di dolore).
Rifacendoci all'ottica deandreiana, propaggine anarchica di una certa ottica sessantottina, l'essere umano comune è esente dal male: il più delle volte vi si trova immerso fino al collo, e come Tito, destrutturatore dei comandamenti sacri, se ne difende.
Gesù, dal canto suo, non viene dalle stelle. Il Gesù di De André, con molta probabilità è anzi il frutto della passione segreta di Maria per un giovane (un novizio, un garzone o chissà) che le ha fatto visita nell'antro oscuro del Tempio in cui era stata rinchiusa da bambina. Nessun Dio ha mandato Gesù per redimere l'uomo dal peccato ("*non voglio pensarti figlio di Dio ma figlio dell'uomo, fratello anche mio*"). La grandezza di Gesù non ha nulla di ultraterreno. È semmai la grandezza di un uomo in rivolta ante-litteram (Camus). È il coraggio di sfidare la morte per le proprie convinzioni. Di sfidare il Sistema (per usare un termine in voga negli anni Settanta) e i suoi emissari che di Cristo post-mortem se ne gioveranno, mistificandone la predicazione. Come canta *Un blasfemo* in *Non al denaro, non all'amore né al cielo* (Fabrizio De André, 1971): "*E non Dio, ma qualcuno che per noi l'ha inventato / ci costringe a sognare in un giardino incantato*"

Lo straordinario punto di forza di *La buona novella* – la sua diretta discendenza rivoluzionaria – risiede allora proprio nell'assoluto rigetto delle istanze metafisiche. In un disco incentrato sulla vita e la morte di Gesù, Fabrizio De André riesce a prescindere del tutto dai toni aureolati, evitando di esprimersi in merito a colpe e redenzioni, vittime e carnefici. Il suo lirismo è di nitore assoluto ma non concede spazi consolatori sull'aldilà: tutta la storia, il senso, le lotte, i tradimenti, le lacrime, le vittorie, dell'uomo sono propaggine terrena. Come indica ancora Roberto Vecchioni: "*noi siamo a immagine e somiglianza di un Dio (inventato o vero non fa nulla) che è l'idealizzazione, la sublimazione, il riassunto della nostra fratellanza, del nostro amore per gli altri*".

I testimoni della *Buona novella*

Quando si ha un Dio si ha sempre una risorsa, io non ne ho
La gente che parla spesso di Dio e di fede mi è sempre apparsa sospetta
Utilizzo Dio nelle mie canzoni perché il mondo ne è intriso,
ma resta una parola.
Georges Brassens

Dio è uno scandalo. Uno scandalo che relaziona.
Charles Baudelaire

Gian Piero Reverberi

Quando abbiamo iniziato a lavorare insieme, io ero studente di composizione al Conservatorio Paganini di Genova e consideravo quell'esperienza niente più che una parentesi nel mio futuro lavoro di musicista e anche Fabrizio faceva altro. E soprattutto il padre voleva fortemente che facesse altro. È stato un periodo molto bello. Scrivevamo per divertimento e c'era tranquillità perché eravamo consci delle nostre capacità e pensavamo di creare essenzialmente per noi. I significati dati, dopo, a quelle canzoni ci erano del tutto estranei. A noi interessava che quello che sentivamo avesse il senso artistico voluto. E nessuno di noi due, come ho detto, immaginava che quella sarebbe stata la sua professione definitiva. Più che da Brassens, Fabrizio è partito dai trovatori medievali. Prendeva una melodia che la gente in qualche modo conosceva e su quelle arie già orecchiate, canticchiate, al posto dei testi in latino della messa innestava le storie profane del re, della cortigiana, del vicino di casa. Fabrizio è stato un trovatore del nostro tempo con la stessa idea di accompagnarsi a musiche già conosciute o nell'aria, comunque semplici. Semplici ma straordinarie. Lui aveva una voce talmente incredibile che avrebbe reso interessante anche un elenco telefonico.[1]

Nella *Buona novella*, tutti i pezzi ove c'è pianoforte sono chiaramente roba mia, quelli dove c'è una chitarra sono di Fabrizio. I pezzi per coro sono evidentemente miei, perché De André Stravinskij non lo conosceva e lì ci sono dei riferimenti precisi. Se uno conosce un po' la musica, può capire chi ha messo mano a cosa.[2]

I *Laudate* sono entrambi miei, così come l'*Ave Maria*; la musica de *Il testamento di Tito* era addirittura di Corrado Castellari. *Il sogno di Maria* lo abbiamo elaborato insieme, mentre *Maria nella bottega di un falegname* e le canzoni vere e proprie – quelle dove prevale la chitarra, tanto per intenderci – erano farina del suo sacco. Diciamo che la parte compositiva fu un'elaborazione quasi separata, poi però assemblammo il tutto in maniera omogenea. Quando entrammo in studio io avevo le idee chiare sui miei brani; naturalmente quelli di Fabrizio erano tutti da verificare. Decidemmo di utilizzare i ragazzi della futura Premiata Forneria Marconi e, quindi, di lasciare anche un certo spazio alla loro creatività e alle loro abilità strumentali: ebbero carta bianca per quelle parti dov'era possibile una maggiore libertà di interpretazione. Ovviamente io diedi loro il canovaccio sul quale lavorare (struttura, accordi, ecc.) ma consentimmo che si sbizzarrissero senza problemi (sono loro alcune invenzioni di *Maria nella bottega di un falegname*). E devo ammettere che il risultato fu ottimo. C'era tutto: affiatamento, gioco di squadra e, non ultima, la serietà. Orchestra e cori vennero aggiunti in seguito, in relazione alle loro basi.[3]

Franz Di Cioccio

Fabrizio nel 70? Una persona molto chiusa: inizialmente non c'è stato un gran dialogo, come più tardi avvenne nel '78. Noi – I Quelli – eravamo dei session man che partecipavano al suo disco, ma a lui interessava poco la registrazione in sé, viveva nel suo mondo. Aggiungo che, di primo acchito, non fu nemmeno simpaticissimo: poche parole, recluso nei suoi testi e nella sua storia personale (mi riferisco alla crisi con la prima moglie). Per *La buona novella* era Dané a mediare tra lui e noi. Fabrizio era il classico cantante che svolgeva la sua parte e basta. Danè, da produttore, sapeva benissimo che grazie all'affiatamento il disco ne avrebbe guadagnato. Avevamo suonato con diversi artisti che più o meno erano come noi, frequentavano i club e le sale d'incisione. Mentre Faber nasceva borghese e diventava anarchico: odiava i perbenisti, anche se poi viveva senza rinunciare ai privilegi della sua estrazione sociale.

Per lui la musica era il jazz, Brassens; per noi il rock, il blues, i Cream, i Vanilla Fudge, i Led Zeppelin. Due mondi difficili da fare incontrare, eppure... Per il batterista che ero mi trovai per la prima volta dentro una gabbia. Io avevo una mia pressione sonora, irruenza, corposità; frequentavo la musica dei gruppi psichedelici e amavo improvvisare in sala. E lì c'era poco spazio per questa musicalità. Reverberi percepì questa mia esigenza. Nel finale del *Laudate hominem* c'è una sezione precisa in cui la batteria si libera in una parte piuttosto energica, estroversa, che trova il suo spazio duettando col coro. Lì capii la ragione per cui uno come me poteva suonare in un disco simile.[4]

Franco Mussida

Io partivo prevenuto perché avevo conosciuto De André nei suoi primi dischi, visto che era il beniamino della mia ragazza di allora, che poi sarebbe diventata mia moglie. Non mi piaceva per niente quel mondo musicale così asciutto, poco protagonista che accompagnava la sua voce, soffocato dalla parola. E poi Faber era talmente chiuso in se stesso che faceva fatica a capire chi gli stava vicino. Il produttore Dané cercava, insieme a noi, di creare il feeling, ma lui si mostrava parecchio refrattario. A un certo punto accadde un episodio determinante: Faber portava sempre con sé un quaderno con dentro i testi delle canzoni. Tutto scritto a matita. Ogni tanto lo apriva, faceva qualche correzione, magari poco prima di registrare. E questo comportamento ci incuriosì moltissimo, durante le sessioni di registrazione lo avevo sempre di fianco. E lui sempre con 'sto caspita di quaderno e le sue piccole correzioni. Così mi è venuto spontaneo chiedergli: *"Ma insomma, perché hai voluto fare proprio questo lavoro?"* Si è come risvegliato. Ricordo che alzò gli occhi e si accorse di noi, andammo a cena insieme. E glielo chiedemmo ancora: qual era stata la molla che lo aveva spinto a scrivere *La buona novella*. Lui considerava Cristo un grande rivoluzionario, e in un momento di grandi rivoluzioni era andato a prendere la più sconvolgente, la rivoluzione dell'individuo. Scoprimmo che non la viveva solo nella politica, ma in una dimensione umanistica, anche se radicata in sentimenti anarchici. Le chitarre acustiche erano un po' l'orizzonte dello spettro sonoro dell'album che stava nascendo. Il mio ruolo è stato fondamentalmente acustico. Fabrizio aveva un modo di arpeggiare molto fluido, era proprio bravo, aveva una bella mano, però era un po' schematico e ripetitivo e infatti faticava a sbrigliarsi laddove gli si chiedeva fantasia. Invece Andrea Sacchi era più un 'lettore', nel senso che eseguiva le partiture di Reverberi in termini di *obbligati*; a me era affidato il compito di abbellire. Le chitarre elettriche furono suonate da Sacchi. Io per quasi tutto il disco sono andato 'libero', a parte qualche *obbligato*. Hai presente l'arpeggio iniziale sul Mi minore nel *Sogno di Maria*? Beh… non sono io a farlo. Nemmeno Andrea. È proprio Fabrizio. Allora era una chitarra con le corde di metallo e un capotasto. Lo sento partire con questo arpeggio velocissimo, mi fermo subito e gli chiedo di farmelo vedere. Quelle note ravvicinate sono trentaduesimi. E lui era bravissimo a compiere questo movimento tecnico. Mi stupì tantissimo.[5]

Flavio Premoli

All'epoca della *Buona novella* avevo diciassette anni ed ero così giovane rispetto alle cose che raccontava Fabrizio che ricordo poco o nulla. Vivevo la musica di Jimmy Smith, il rock e i gruppi di quel tempo. *La buona novella* era un'opera troppo colta per me, troppo impegnativa. in sala d'incisione suonai poco o nulla con le mie tastiere perché gli arrangiamenti poggiavano più sulle chitarre. Il ricordo che ho di Fabrizio è di un uomo assolutamente capriccioso, che voleva la moglie lì con sé alle quattro sennò non cantava più, e se alle quattro e mezzo non era ancora arrivata non cantava lo stesso. Io pensavo, sarà anche famoso, però che rompicoglioni, e di quel lavoro non conservo nessun ricordo speciale.[6]

Corrado Castellari

Un giorno ebbi l'opportunità di conoscere Michele (famoso cantante degli anni Sessanta) e di fargli ascoltare le mie canzoni; diventammo amici tanto che invitò me e mia moglie a vivere a Milano, dividemmo con lui l'appartamento, dove abitava allora. Ma vengo al fatto: una notte Michele mi svegliò, erano le due, aveva in mano un foglietto con sopra scritta la prima strofa de *Il testamento di Tito* e mi disse che aveva parlato di me a Fabrizio De André. Mi raccontò che Fabrizio non era soddisfatto della musica che lui stesso aveva composto sul testo della canzone, e che quindi mi dava la possibilità di fare un tentativo. Ci lavorai immediatamente e molto presto la musica uscì, e a Fabrizio piacque moltissimo. In seguito avrei avuto l'onore di conoscerlo personalmente. *Il testamento di Tito* è nato così.[7]

Michele Maisano

Fabrizio scrisse *Il testamento di Tito* canticchiandolo sulla famosa *Blowin'in the wind* di Bob Dylan. Il problema era quindi di comporre una musica che rispecchiasse quello spirito ma con una matrice un po' più italiana. Ci siamo quindi messi al lavoro io e Corrado Castellari, all'epoca il mio autore preferito, ed è venuta fuori la musica del *Testamento di Tito.* La parte più bella l'ha composta Castellari.[8]

1. Roberto Iovino, *Faber il trovatore del Novecento*. Club 3, 2019.
2. Riccardo Bertoncelli, *Belìn sei sicuro? Storie e canzoni di Fabrizio De André*. Giunti, 2003.
3. Luigi Viva, *Vita di Fabrizio De André. Non per un dio ma nemmeno per gioco*. Feltrinelli, 2000.
4. Riccardo Storti, *I vangeli di Fabrizio De André*. Aereostella, 2009.
5. Riccardo Storti, *I vangeli di Fabrizio De André*. Aereostella, 2009.
6. Guido Harari e Franz Di Cioccio (a cura di), *Fabrizio De André & PFM. Evaporati in una nuvola rock*. Chiarelettere, 2008.
7. Riccardo Storti, *I vangeli di Fabrizio De André*. Aereostella, 2009.
8. Luigi Viva, *Vita di Fabrizio De André. Non per un dio ma nemmeno per gioco*. Feltrinelli, 2000.

Primo interludio: il potere e l'anarchia

"Io so i nomi dei responsabili della strage di Milano del 12 dicembre 1969. Io so i nomi dei responsabili delle stragi di Brescia e di Bologna dei primi mesi del 1974. Io so i nomi del 'vertice' che ha manovrato, dunque, sia i vecchi fascisti ideatori di 'golpe', sia i neo-fascisti autori materiali delle prime stragi, sia infine, gli 'ignoti' autori materiali delle stragi più recenti. Io so i nomi che hanno gestito le due differenti, anzi, opposte, fasi della tensione: una prima fase anticomunista (Milano 1969) e una seconda fase antifascista (Brescia e Bologna 1974). Io so i nomi del gruppo di potenti, che, con l'aiuto della Cia (e in second'ordine dei colonnelli greci della mafia), hanno prima creato una crociata anticomunista, a tamponare il '68, e in seguito, sempre con l'aiuto e per ispirazione della Cia, si sono ricostituiti una verginità antifascista, a tamponare il disastro del 'referendum'. Io so tutti questi nomi e so tutti i fatti (attentati alle istituzioni e stragi) di cui si sono resi colpevoli. Io so. Ma non ho le prove".
Pier Paolo Pasolini

È chiaro che il pensiero da' fastidio / anche se chi pensa è muto come un pesce / anzi un pesce / e come un pesce è difficile da bloccare / perché lo protegge il mare (...) Certo chi comanda non è disposto a fare distinzioni poetiche / il pensiero come l'oceano / non lo puoi bloccare / non lo puoi recintare.
Lucio Dalla, Com'è profondo il mare

L'inizio della Notte della Repubblica ha un tempo e un luogo precisi: il 12 dicembre 1969, Milano, Piazza Fontana, quando comincia a scriversi – con un *botto* – la (contro)storia patria del potere sodale alle destre golpiste-bombarole. Fuori e dentro la Banca Nazionale dell'Agricoltura è un venerdì pomeriggio grigio, intirizzito d'inverno. L'anno è lo stesso in cui Fabrizio De André comincia a riflettere sulla sua *Buona novella.* Teniamolo a mente, non è soltanto una coincidenza. Il romanzo italiano delle stragi prende le mosse da Piazza Fonta-

na e dai fattacci a seguire: diciassette morti, centocinque feriti in quella strage. Poi nebbie, depistaggi, processi infiniti, fino alla sentenza assolutoria, che "condanna" di fatto i parenti delle vittime alla beffa del rimborso spese processuali. Nel Paese delle verità nascoste e delle istituzioni parallele è giustizia per tutti ma solo sulla carta: gli ultimi cinquant'anni (abbondanti) di vicende italiane sono stati scritti (anche) dai nuovi fascismi, dai servizi segreti deviati, dalle bombe esplose e inesplose (il 12 dicembre, oltre che alla Banca dell'Agricoltura, c'erano altri tre ordigni, pronti a deflagrare, sull'asse Roma-Milano), col sangue e nel sangue dei morti inutili, dei morti senza pace e nemmeno giustizia. Attraverso piste anarchiche, neofasciste, entità parallele, coperture, fantasmi ingombranti (Pinelli, Calabresi, ma anche quello dell'editore Gian Giacomo Feltrinelli), reticenze politiche (Dc e Pci in primis), l'ingerenza invadente di Nato e Stati Uniti, Piazza Fontana anticipa e rivela dunque la fisiognomica di una nazione ostaggio del potere occulto. Una caterva di acronimi ha fatto da corollario alla storia – ufficiale e deviata – dei servizi segreti della Repubblica Italiana: Ovra, Sifar, Sim, Aarr, Sid, Sismi, Sisde, facce e declinazioni dell'Intelligence made in Italy. Coagulo di 007 votati alla Causa, alcuni sin troppo, se è vero che la (libera) memoria storica del Paese, corre subito a Gladio, al Piano Solo, sicuramente, ancora, a Piazza Fontana, probabilmente alla strage della stazione di Bologna. Cosa non si è fatto per tenere a bada lo spauracchio rosso, il pericolo strisciante di un comunismo, peraltro all'italiana. Fabrizio De André non era (proto)comunista come il suo Gesù. Era anarchico, il che forse, è peggio visto dalla prospettiva del potere e dei suoi gangli, palesi e sottesi. Fabrizio De André era un cane sciolto – con un seguito di potenziale *dissidenza*, per di più – e questo al Sistema non andava.
Sono gli anni della lotta armata, e della paranoia stratificata. Nel 1978 la rivista satirica *Il Male* strombazza in prima pagina: "I capi delle Brigate Rosse sono Raimondo Vianello e Ugo Tognazzi", il mite Claudio Lolli convive con l'etichetta di fiancheggiatore delle Brigate Rosse, e Fabrizio De André, da molto tempo prima, è nel mirino degli zelanti poliziotti all'italiana:
"De André non si è mai atteggiato ad agit-prop. Ciò nonostante, la polizia lo ritenne un personaggio infido e pericoloso. A ridosso dell'attentato di piazza Fontana gli attivisti dell'ultrasinistra sono sottoposti a perquisizioni e interrogatori. Tra le centinaia di extraparlamentari inquisiti figura un certo Isaia Mabellini, in servizio di leva con gli alpini, considerato dal questore di Brescia un marxista-leninista; in calce alla relazione inviata il 20 dicembre 1969 alla Direzio-

ne generale della Ps, un'osservazione significativa: 'È in rapporto di amicizia con tale De André Fabrizio, non meglio generalizzato, ligure, universitario a Milano, filocinese, noto cantautore e contestatore'. Con inflessibile logica burocratica, la segnalazione coinvolge il musicista nelle indagini; dal ministero dell'Interno chiedono infatti ragguagli al questore di Brescia, Manganiello, che il 25 maggio 1970 aggiorna il fascicolo Milano-Roma-Attentati dinamitardi del 12.12.1969: 'Le Questure di Milano e Genova sono pregate di identificare il De André Fabrizio e fornire sul suo conto dettagliate informazioni direttamente'. Nel giro di un paio di settimane la questura di Genova redige una circostanziata scheda: 'Il De André Fabrizio, noto cantautore, pur essendo studente universitario fuori corso in giurisprudenza, si interessa di questioni artistiche, provvede alla incisione dei dischi delle proprie canzoni, ha effettuato qualche spettacolo in televisione, ma non appare mai nei pubblici teatri. Accompagnato sempre dalla moglie, viaggia a bordo dell'auto Fiat 600 targata GE-293864 ed è titolare del passaporto nr. 5191279 rilasciato a Genova il 10.12.1969. Non risultano precedenti penali a suo carico, salvo una denuncia, risalente al 28.8.1959 ad opera della Polizia di frontiera di Bardonecchia, per danneggiamento su edificio destinato al culto. In linea politica, pur non essendo aderente ad alcun partito o movimento – viene indicato come simpatizzante per l'estrema sinistra extraparlamentare e frequenta, in Genova, persone note per tale orientamento o favorevoli al Pci e al Psiup".[1]

La cosa va avanti per dieci anni: dal 1969 al 1979 De André è sotto controllo, naturalmente a sua insaputa. Naturalmente sulla scorta delle sue libere frequentazioni. E dei suoi liberi pensieri espressi per canzoni. Il tema del potere è centrale della sua produzione. Lo è *in partenza*, dalle prime traduzioni dell'anarchico Brassens (*Il gorilla*, *Morire per delle idee*) alla *Buona novella*, grondante di umanità ma anche di libertarismo, di ribellismo ontologico. Il potere preso di mira da De André è un potere meta-politico, che ne *La buona novella* travalica e svilisce la religione, pervadendo anche gli ambiti familiari (*L'infanzia di Maria*, *Il testamento di Tito*). Alla luce di tutto questo, data anche l'estesa vocazione alla caccia alle streghe del periodo, come non giustificare le "vive preoccupazioni" di un establishment politico che vigila sugli intenti dichiaratamente anarchici delle sue ballate? Del "caso De André" si occupa anche il questore di Milano, Marcello Guida (un nome una garanzia di anticomunismo, sua è la trovata della "pista rossa" per addebitare alla sinistra l'attentato della strage di Piazza Fontana) che sorveglia le frequentazioni milanesi del "sedicente De André".

"Il predetto De André, cantautore, viene regolarmente in questo capoluogo ogni mese, alloggiando sistematicamente all'Hotel Cavour in questa via Fatebenefratelli n. 21 e ripartendo il giorno successivo, dopo aver preso contatti con dirigenti di case discografiche".
Per qualche tempo l'attenzione investigativa si affievolisce, tranne riprendere con maggiore insidiosità nel giugno 1976, quando l'Antiterrorismo relaziona sull'acquisto di *"un appezzamento di terreno in località Tempio Pausania (Sassari) dove intenderebbe istituire una comune per extraparlamentari di sinistra. Nei periodi di permanenza in Genova, lo stesso avrebbe contatti con elementi appartenenti al gruppo anarchico e a quello filocinese. Il De André è persona nota a codesto Ministero".* L'antiterrorismo ligure accerta che il musicista è *"emigrato in data 12/3/1976 a Tempio Pausania"* e invia all'Ispettorato Generale per l'Azione Contro il Terrorismo e al Nucleo Antiterrorismo di Cagliari un nutrito rapporto, in cui si registra la sua adesione al Comitato genovese per la difesa del divorzio, come se rivestisse risvolti penali.
Trascorso un triennio, un aggiornato promemoria viene inserito dal Sisde in due distinte collocazioni archivistiche: "Brigate Rosse-Varie" e "Fabrizio De André". Stavolta il cantautore viene definito senza mezzi termini un simpatizzante dei terroristi e un loro finanziatore: *"Secondo la nota fonte confidenziale il Circolo 'Due Porte' è una recente creazione di copertura per le Brigate Rosse. In esso si tengono normali riunioni di circolo politico-ricreativo e riunioni ristrette per l'organizzazione eversiva. Lo stesso Circolo deve servire da strumento economico e la raccolta dello sfruttamento dei fondi economici necessari alle Brigate Rosse. Una delle prime iniziative è stato lo spettacolo del cantautore Fabrizio De André alla Fiera del Mare. Il cantante, simpatizzante delle Br, è stato invitato da il Due Porte".*[2]

Una rapida scorsa di questi verbali, basta e avanza per farsi un'idea della fissazione persecutoria tipica del potere. Un potere che fissa il suo occhio (orwelliano) sui cittadini refrattari alle manipolazioni. Sui frutti autonomi – o degeneri o ribelli –, immuni al pensiero unico, e al reiterato processo di addomesticamento ideativo che passa attraverso le sovrastrutture di sostegno al potere stesso. La religione in primo luogo, come insegna *La buona novella.*

In un profetico passaggio di *Sogno numero due* (contenuto in *Storia di un impiegato*) il Potere si rivolge così al Bombarolo, il cui gesto è strumentalizzato a sostegno dello status quo:

Noi ti abbiamo osservato dal primo battere del cuore / fino ai ritmi più brevi dell'ultima emozione / quando uccidevi, favorendo il potere / i soci vitalizi del potere ammucchiati in discesa / a difesa della loro celebrazione.

A un certo punto della storia italiana, le Brigate Rosse diventano lo spettro per antonomasia degli anni di piombo. L'epilogo tragico del sequestro Moro dimostra in modo evidente la felice intuizione di De André nel *Sogno numero due*: il potere politico utilizza la vicenda a proprio vantaggio: da un lato dimostra l'assoluta inumanità dei brigatisti, dall'altro distoglie l'attenzione dalle proprie colpe, prima fra tutte la reiterata passività con cui la trattativa possibile della liberazione del presidente è stata affrontata.
Nell'insopportabile stile dei verbali da caserma, il babau anarchico di Fabrizio De André viene declinato nella nuova versione di *"simpatizzante e finanziatore delle Brigate Rosse"*, il cui credo politico risulta peraltro distante dal libertarismo anarchico del cantautore (le Br agivano in rigida obbedienza al credo marxista-leninista). Gli insipidi rapporti segnaletici riferiscono dunque, una volta di più, della pigra mentalità dei loro estensori: inidonei sul piano investigativo e, come scrive Mimmo Franzinelli "*disponibili a dare ombra a fantasmi, secondo i desideri dei loro superiori, in un pauroso deficit di cultura democratica*".[3]
Dai tempi della parabola sovversiva di Cristo a quelli della notte della Repubblica, la storia non cambia e non insegna: un continuo ripetersi di miopie, strumentalizzazioni, giochi sporchi, persecuzioni, insabbiamenti, restituiscono le cifre esatte degli strumenti – leciti e più spesso illeciti – attraverso i quali il potere perpetua se stesso.
Nell'interludio successivo Fabrizio De André divaga sul concetto. A suo modo e con parole sue.

1. Mimmo Franzinelli, *Quel terrorista di De André. Così la polizia schedò il cantautore*, in *La Repubblica*, 10 gennaio 2009.
2. Ibidem.
3. Ibidem.

Secondo interludio con parole sue

Tutti a dire della rabbia del fiume in piena e nessuno
della violenza degli argini che lo costringono.
Bertolt Brecht

Certo bisogna farne di strada da una ginnastica d'obbedienza
fino ad un gesto molto più umano che ti dia il senso della violenza
Però bisogna farne altrettanta per diventare così coglioni
da non riuscire più a capire che non ci sono poteri buoni.
Fabrizio De André

Fabrizio De André era un coltivatore di parole. Assegnava loro un nitore, un'esattezza di senso capace persino di rimandi ulteriori. Questo gli succedeva aldilà delle canzoni: Fabrizio De André riusciva a essere significativo anche quando parlava e non cantava, se così possiamo dire. Dentro e fuori le canzoni, le parole di De André non sono mai state parole qualsiasi. Sono state, al contrario, parole pensate-centellinate-assunte-rispettate-spese con cura e precisione chirurgiche. Ne scaturisce un'accezione di mondo che muovendo da *"Signora Libertà, signorina Anarchia"* attraversa ballate-interviste-concerti, e a *"Signora Libertà, signorina Anarchia"* ritorna. Un'accezione di mondo *aggiunta,* rispetto alla semplice azione in sé di cantare e suonare canzoni, spiegarle in certi casi. Faccio un esempio, per chiarire meglio. A pagina 37 del libro autografo *Anche le parole sono nomadi* (Chiarelettere), subito dopo il testo di *La domenica delle salme*, sono riportate le parole con cui egli stesso commenta gli applausi a un suo concerto:

"Grazie... Grazie. Anche se so da dove nascono gli applausi: dai riti sacrificali di popolazioni mesopotamiche... Oggi è andata male, bisogna inventarsi un domani: allora bisogna dividere il tempo e contemporaneamente pagare un prezzo per ingraziarsi il futuro. Questo prezzo è la vittima sacrificale la cui uccisione da una parte è l'espiazione di una colpa collettiva e dall'altra è il

momento di divisione tra l'ieri cattivo e il domani si spera buono. Allora questo applauso nasceva dal bisogno di coprire le grida della vittima che bruciava. Per questo in età recenti si fanno e si consumano gli spettacoli e gli attori sono delle vittime sacrificali, delle finte vittime sacrificali a meno che la realtà non prenda il sopravvento sulla finzione."

Trovo questa dissertazione emblematica dell'uomo, prima ancora che dell'artista: acuto senza pontificio. Spiazzante per autodifesa. Ironico a un passo dalla surrealtà. *Sui generis* per modo di *essere* e mai per posa. *Anche le parole sono nomadi* (la cui lettura vi consiglio) raccoglie senza soluzione di continuità testi di canzoni e parole fuori dalle canzoni che in qualche modo li hanno ispirati e/o accompagnati. Scritture agnostiche e altre poetiche declinate in topos, fughe e ritorni di senso. Dalla struggente *L'infanzia di Maria* (per rifarci alla *Buona novella*) al suicidio di Tenco (*Preghiera in Gennaio*, per discostarcene). Dall'amore al tempo della guerra attraverso i soldati semplici (*Andrea* e *La guerra di Piero*), al massacro degli indifesi di *Fiume Sand Creek*. E alle *Anime salve* che si scoprono essere i solitari ("*Anime salve trae il suo significato dall'origine, dall'etimologia, delle due parole: vuol dire spiriti solitari. È una specie di elogio della solitudine*"). A svariate altre stazioni come ha saputo visitarne-cantarne-parlarne, Fabrizio De André. Da uomo parco/eccessivo. Da poeta civile non allineato. Da intellettuale mai scontato.
Seguono (sue) parole come pietre. Un corollario aforistico di ragionamenti su ciò che lui intendeva per coercizione, e non ha mai smesso di chiamare con il nome proprio di Potere.

Questo nostro mondo è diviso tra vincitori e vinti.
Dove i primi sono tre e i secondi tre miliardi. Come si può essere ottimisti?

> Quello che io penso sia utile è di avere il governo il più vicino possibile a me e lo Stato, se proprio non se ne può fare a meno, il più lontano possibile dai coglioni.

Il capitalismo non può essere democratico

> L'emarginazione ti sottrae al potere e quindi al fango.
> Ti avvicina al punto di vista di Dio.

Tutti i cittadini belli ordinati, controllati con un bel marchio e un numero sulla tuta a massacrarsi in nome di una divinità che ancora oggi si chiama Stato.

> Da quando inventò la politica, l'uomo si mise a delegare in rappresentanza di se stesso i peggiori tra i suoi simili. Nessun altro uomo, quanto il politico, raccoglie in sé la più rozza accozzaglia di istinti primitivi, nessuno come lui riesce a scagliarsi contro i suoi simili accusandoli delle peggiori turpitudini, nessuno a differenza di lui riesce a passare l'intera vita a rimescolare nel passato dei 'nemici politici' per tirare fuori qualche ignobile vergogna e, se non la trova, se la inventa.

Il maggio francese passa, i golpe restano, si moltiplicano, trionfano: l'avvenire è dei golpisti.

> Non dimentichiamoci le parole con cui inizia *Il capitale* di Marx: *"La ricchezza delle società nelle quali predomina il modo di produzione capitalistico si presenta come un'immane raccolta di merce."* E che cos'è la società contemporanea se non un'immane raccolta di merce?

In questo mondo senza giustizia solo i perdenti sono dalla parte giusta.

> La parola maggioranza ha come etimologia la parola latina 'major' e i 'majores', fino a tutto il Medioevo, erano coloro che detenevano i privilegi ed esercitavano l'autorità. Oggi i 'majores' sono sempre di meno ma godono di privilegi sempre crescenti ed esercitano, anche attraverso i media, un potere, un'autorità pressoché assoluti. I 'minores' – tu, io, la gente comune – vengono chiamati in causa preferibilmente nel momento in cui devono attribuire privilegi di comando ai 'majores'. Da questo punto di vista una vasta popolazione comincia a sentirsi 'minoranza'.

L'artista è un anticorpo che la società si crea contro il potere.
Se si integrano gli artisti, ce l'abbiamo nel culo.
Quando non hai nessuna possibilità di decidere del tuo destino, ti metti nelle mani di qualcuno che, in quel momento, speri che esista. E così ti arrendi

alla tentazione della preghiera: non una preghiera tua, che forse non ne sei capace, ma una di quelle che ti hanno insegnato da bambino e che, magari, ti ricordi ancora a memoria.

> Durante il rapimento mi aiutò la fede negli uomini, proprio dove latitava la fede in Dio. Ho sempre detto che Dio è un'invenzione dell'uomo, qualcosa di utilitaristico, una toppa sulla nostra fragilità... Ma, tuttavia, col sequestro qualcosa si è smosso. Non che abbia cambiato idea ma è certo che bestemmiare oggi come minimo mi imbarazza.

Aspetterò domani, dopodomani e magari cent'anni ancora finché la signora Libertà e la signorina Anarchia verranno considerate dalla maggioranza dei miei simili come la migliore forma possibile di convivenza civile, non dimenticando che in Europa, ancora verso la metà del Settecento, le istituzioni repubblicane erano considerate utopie.

> La cosa che più temo è che l'autorità, attraverso il consenso della maggioranza, lasci le maggioranze stesse libere di scegliere come comportarsi nei confronti delle minoranze: emarginandole magari, non soltanto non rispettandole, ma non tollerandole.

La mia bussola ha sempre indicato qualsiasi direzione che non fosse la più sicura, quella scelta dalle maggioranze mi ha sempre indicato mondi marginali, minoranze, differenze dalla norma, differenze e minoranze anche linguistiche.

> La gente comune è stanca di vedere crescere i propri figli insieme ai prezzi dei beni di prima necessità, è stufa di vivere in un clima di libertà vigilata, osservando una curiosa genia di privilegiati che scorrazza per il Paese carica di dollari e di pistole, e che fra una tartina di caviale e una coppa di marsala
> va liberamente sforacchiando giudici e bambini.

A volte la patria è acqua salata che più ne bevi e meno ti disseta.

Lo Stato non è che un pesantissimo involucro burocratico di una nazione, ne è l'organizzazione verticistica con la divisione dei sudditi in classi sociali.
Per quanto mi riguarda mi accontenterei di sentirmi partecipe di un grande privilegio: l'appartenenza alla razza umana.

La borghesia, o meglio la borghesite, per chi la vuol considerare un'infiammazione acuta del desiderio di avere, è in effetti una malattia endemica a tutto il globo, almeno per quanto riguarda la specie umana. Non ho mai incontrato nessuno che non desiderasse migliorare le proprie condizioni di vita materiale. Da questo punto di vista la borghesia più che una scelta direi che è una categoria dello spirito dell'uomo, che lo obbliga a sceglierla. Il problema vero sorge nel momento in cui l'individuo l'ha acquisita, pochi a questo punto si rendono conto del diritto dei loro simili ad ottenere gli stessi privilegi che la borghesia offre, ma quasi nessuno sa contenere il proprio benessere senza farsi tentare dall'aberrazione.

L'autorità colpisce per farsi vedere, per terrorizzare,
potremmo chiamarla transustanziazione della legge.

Anime salve sono i solitari. I diversi, quelli che stanno ai margini, perché ce li ha cacciati il sistema o perché l'hanno scelto loro. Salvi, perché soli, perché liberi, perché lontani da questa civiltà da basso impero dove i bambini vengono stuprati e gli adulti si arrabbiano quando gli rubi l'argenteria di casa.

I perdenti sono le persone che più mi affascinano.
Per me dietro ogni barbone si nasconde un eroe.
Solo queste persone dimenticate riescono, come dice il poeta Alvaro Mutis, "a consegnare alla morte una goccia di splendore".
È la fuga dal branco che ci porta a maturare spiritualmente.
Così la solitudine diventa una possibilità di riscatto.

La piccola borghesia è un cancro diffuso in tutto il mondo ed estremamente pericoloso, perché non prende mai posizione.

C'è una morale interna a ciascuno di noi, che ha ben poco a che vedere con quella che ci viene imposta dalle religioni, dalle leggi, dalla Stato, e l'uomo è mosso da congegni talmente complessi che finiscono per agire, spesso, al di là della sua volontà.

L'anarchia, prima ancora che un'appartenenza, un catechismo, un decalogo, tanto meno un dogma, è un modo di essere, uno stato d'animo, una categoria dello spirito.

Sono convinto che anarchia e misticismo nascano insieme. Cristo filosofo è stato il più grande anarchico di tuti i tempi: le radici di cristianesimo e anarchia sono comuni. Le strade si divisero quando il cristianesimo sconfinò in un meccanismo autoritario.

C'è chi è toccato dalla fede e chi si limita a coltivare la virtù della speranza. Certo il Dio in cui io spero non rassomiglia affatto a quello dei cattolici, né a quello dei mussulmani, e neppure a quello degli ebrei. Il Dio in cui io nutro speranza non ha mai suggerito ai suoi seguaci i sentimenti della calunnia, dell'odio, della vendetta, sfociati in orribili guerre, in devastanti persecuzioni, in spaventose varietà di tormenti fisici e morali. Il Dio in cui nonostante tutto continuo a sperare è un'entità al di sopra delle parti, delle fazioni, delle ipocrite preci collettive, un Dio che dovrebbe sostituirsi alla cosiddetta giustizia umana in cui non nutro alcuna fiducia, alla stessa maniera in cui non la nutriva Gesù, il più grande filosofo dell'amore che donna riuscì mai a mettere al mondo.

Fra la rivoluzione di Gesù e quella di certi casinisti nostrani c'è una bella differenza: lui combatteva per una realtà integrale piena di perdono, altri combattevano e combattono per imporre il loro potere.

Le citazione di questo capitolo sono, in larga parte, mutuate da *Fabrizio De André, Sotto, le ciglia chissà. I diari*, Mondadori Editore 2016

Dieci anni dopo, circa

La domenica delle salme
non si udirono fucilate
il gas esilarante
presidiava le strade
La domenica delle salme
si portò via tutti i pensieri
e le regine del "tua culpa"
affollarono i parrucchieri
(...)
Il ministro dei temporali
in un tripudio di tromboni
auspicava democrazia
con la tovaglia sulle mani e le mani sui coglioni
Voglio vivere in una città
dove all'ora dell'aperitivo
non ci siano spargimenti di sangue
o di detersivo
La domenica delle salme

Nel 1978 il lungo Sessantotto della storia italiana è già finito. È finito coi carrarmati per le strade di Bologna l'anno prima. Il movimento è imploso per un surplus di tensioni centrifughe e il nuovo potere adesso si trincera dietro una nuova parola-mantra: socialdemocrazia. I sogni sessantottini svaporano, insomma, all'ombra della reiterata crisi politica e delle P38 per le strade. Un mese e una manciata di giorni prima del 16 marzo 1978, i Matia Bazar hanno vinto a Sanremo e il governo Andreotti annaspa ancora con l'acqua alla gola. Proprio il 16 marzo, a Roma la mattina comincia col piombo: un commando delle Brigate Rosse stermina la scorta di Aldo Moro e lo rapisce. Nemmeno due mesi dopo il suo corpo viene trovato riverso nel bagagliaio di una Renault4 rossa parcheggiata in via Caetani. È il momento più buio della storia (simil)democratica della Nazione: si dice che da qui in avanti niente sarà più

lo stesso, ma forse non è vero. Gli amministratori – palesi e occulti – del potere rimangono infatti ai loro posti, e i loro emissari in divisa ne approfittano per alzare il tiro, instaurando sottotraccia un regime che assomiglia a quello poliziesco. Sulle note di *Saturday Night Fever* dei Bee Gees la gente comune, intanto, pensa a ballare, l'aria di rivoluzione non c'è più. La rivoluzione è stata mancata di un soffio.
Prima del 1978 Fabrizio De André ha un rapporto complicato con le esibizioni dal vivo. Lo raccontano ruvido, laconico, scontroso, in realtà è solo ritrosia. Timidezza tradotta in fifa blu. Paura del pubblico *vero*, in altre parole. Non certo paura degli "autoriduttori" ai loro ultimi fuochi, che con la scusa "della musica non si paga", tra fischi, bla bla bla e, se è il caso, bottiglie incendiarie, ammorbano il clima dei concerti, compresi quelli di Faber. Ma questo discorso ci porterebbe lontano, ciò che conta per ora, è annotare come, malgrado i riscontri, nel 1978 *La buona novella* è un disco ormai archiviato. Appartiene al passato. Il repertorio di De André è diventato cospicuo, forte dei cinque album (*Non al denaro, non all'amore né al cielo*, 1971; *Storia di un impiegato*, 1973; *Canzoni*, 1974; *Volume 8*, 1975, *Rimini*, 1978) seguiti a quella pubblicazione.
Vuoi per la sporadicità delle esibizioni, vuoi per il rimpolparsi esponenziale della scaletta, del concept-album sui vangeli apocrifi, Fabrizio De André ripropone dal vivo solo *Il testamento di Tito*, la più accessibile delle canzoni di un disco che nell'insieme si presta poco ai climi dei concerti.
Quando la strada di De André incrocia di nuovo la strada dei Quelli (divenuti frattanto Premiata Forneria Marconi), è il 1978 e il cantautore si è stabilito in Sardegna. Una sera di Nuoro benedetta dal cielo della musica, la Pfm suona da quelle parti, invita Fabrizio e a fine concerto Franz Di Cioccio gliela butta lì: l'ideona sarebbe quella di una tournée da intraprendere insieme. De André & Pfm, come dire mondi lontanissimi che si toccano. Come dire il cantautore-intellettuale per antonomasia e la band prog-rock per antonomasia. L'azzardo è grosso ma le potenzialità lo sono altrettanto.

Riepiloga Roberto Colombo in un'intervista a Franco Zanetti (*Fabrizio De André in concerto*, Giunti):

Franz fu decisamente convincente nel proporre l'idea a Fabrizio, che era assai restio. Credo che Di Cioccio e Mussida avessero già una mezza idea di pro-

porgli quella collaborazione, e che Franz, da straordinario piazzista qual è, se la sia giocata al meglio. De André peraltro, essendo una persona intelligente, capì il potenziale di quel progetto, e che l'operazione aveva un senso sia in quel momento della sua carriera, sia dal punto di vista prettamente economico. Poi i risultati probabilmente superarono le aspettative.

E Franz Di Cioccio e Flavio Premoli, dal canto loro:

A un certo punto – è il 1978 – incidiamo Passepartout, che è il punto più basso della Pfm, non tanto come qualità ma come riscontro commerciale. Decidiamo di partire in tour e quando siamo in Sardegna passiamo dalle parti di Tempio Pausania dove, da qualche tempo, abita Fabrizio. Negli anni ci eravamo incontrati qualche volta, così, abbastanza per caso. Comunque sempre due chiacchiere generiche, tipo "uè, belin, come state? Adesso sto in Sardegna, ho messo su una specie di fattoria, ho comprato le mucche". Quella volta fu un contatto meno vago. Gli telefonammo, lo invitammo al concerto e lui venne; e gli piacque, io che sono l'uomo-spogliatoio della Pfm, il portavoce in quel tipo di situazioni, gli faccio una proposta bruciante: 'Pensa che bello sarebbe se facessimo un disco insieme'. Lui la prende un po' così, non dice no ma sta bene attento a non dire neanche sì. Insisto e provo a spiegargli i vantaggi di un'operazione del genere, poi con gli altri improvvisiamo qualcosa. Tipo: 'Pensa cosa potrebbe essere Il pescatore *se la facessimo insieme, mettendo l'accento anche sul lato goliardico della faccenda. Capii che la proposta lo attirava, anche se c'erano delle questioni tecniche che potevano essere d'intralcio.*[1]
Il progetto sulla carta si presentava piuttosto osé ma i risultati sono stati quelli che conosciamo. Fabrizio non amava suonare dal vivo ma quel tour gli permise di tornare sul palco dopo molto tempo e di sentirsi protetto da un gruppo, da una tribù amica. Inoltre, lui viveva di provocazioni e quando gli dissero che il progetto "era sconsigliato" la prese come una sfida. È sempre stato così, detestava gli yes man. Quella collaborazione ha lasciato un segno importante per il pubblico ma anche per tutti noi: Fabrizio era un artista unico. Noi gli abbiamo lasciato una musicalità che fino a quel momento non aveva, tanto che andò avanti a utilizzare i nostri arrangiamenti anche successivamente. Noi imparammo, con molta modestia, il peso dei testi: con lui capimmo l'emozione che possono dare le parole. Nel periodo della nostra collaborazione, Fabrizio amava molto il whisky e poteva diventare difficile ma era anche un uomo che

si faceva voler bene. Era una persona molto particolare: tanto ti faceva incazzare, tanto era capace di farsi amare. Una volta litigammo per un si bemolle e ci mandammo a quel paese. Nel giro di poco però, trovai una sua bellissima lettere di scuse per me. Era un uomo così.[2]

Il tour di De André & Pfm (dicembre 1978-febbraio 1979) possiede dunque i canoni del *rivoluzionario*. Sulla liceità di quell'azzardato abbinamento la rigida ideologia dominante a quel tempo avanza infatti non poche riserve: la band e il cantautore vengono da universi artistici assai dissimili, e prima che il tour abbia inizio i pregiudizi superano di gran lunga le frasi di incoraggiamento. In pochi scommettono sugli esiti fausti del tour.

All'epoca, la band di Franz Di Cioccio e soci aveva esaurito la spinta propulsiva che a metà dei '70 l'aveva lanciata sulla giostra internazionale, soprattutto dopo l'addio di Mauro Pagani nel 1976, ma in Italia conservava una popolarità intatta. Brutta, capellona e naïf nel modo di porsi, la Premiata Forneria Marconi era uno dei gruppi titani del progressive nostrano, con ammiccamenti al rock, alle chitarre e a un suono sanguigno e carnale. L'opposto, insomma, di come veniva percepito Faber: lui – che proprio dal 1978 con Rimini, *aveva iniziato a diradare la sua produzione dopo aver toccato l'apice della creatività fra il 1969 e il 1973 – nel momento dei vari Venditti, Guccini, Dalla e De Gregori era considerato il padre di quella generazione, nonché l'archetipo del cantautore. Un po' per stereotipi e un po' per semplificazioni, era visto come l'artista tutto testi e poca musica, con le chitarre acustiche messe a semplice sottofondo. Un borghese colto e ribelle, sì, anarchico e mefistofelico, ma in fondo anche raffinato; un* maudit, *soprattutto, con testi inarrivabili, più vicini alla poesia che alla canzone (qualsiasi cosa significasse, all'epoca, quest'affermazione): il contrario della ballotta della Pfm, tutta strada ed elettricità, con poco riguardo alle parole.*[3]

Fabrizio De André è lo *chansonnier* dai climi soffusi, dagli arpeggi discreti: testi stratificati e arrangiamenti scarni. Il prog è tutta un'altra cosa. Un'espressione prettamente musicale che non disdegna il barocchismo, la pomposità dei suoni, spesso a scapito delle parole. Cosa diavolo può accomunare espressioni artistiche tanto diverse? è il succo del dilemma che tormenta i pensieri dei puristi.

"*Al di là delle definizioni, eravamo entrambi dei ribelli in 'direzione ostinata e contraria*'", dichiara Franz Di Cioccio a proposito del tour e, forse, non si allontana troppo dalla verità dei fatti.

La prima è il 21, al palasport di Forlì. Poi Brescia, Parma e Ravenna, mentre nel 1979 arrivano Roma e Milano, ma anche – ovviamente – Genova e Napoli, per un totale di trentadue date fino all'inizio di febbraio. E proprio nella capitale accade un fatto curioso, non tanto per l'evento in sé (all'epoca abbastanza comune) ma per come reagiscono gli artisti sul palco: durante l'esibizione del 23 gennaio, in un momento tesissimo come gli anni di piombo, De André – come era già accaduto a molti suoi colleghi – viene contestato dal gruppo degli Autonomi, che lo sommergono di urla e fischi. Lui, in una situazione surreale in cui gran parte del pubblico comunque lo applaude, non li biasima, non perde la calma, anzi cerca di dare spazio anche alle loro ragioni, prima di riprendere lo show. Per il resto, quello del PalaEur rimane l'unico inghippo di un tour che fila senza tensione, e in un periodo del genere non era scontato. Al massimo, qualche naturale scazzo fra band e cantante, come era nel personaggio di Faber, a cementare ancora di più il loro rapporto.[4]

Tra il cantautore e la band le affinità elettive sono sotto gli occhi e le orecchie di tutti: Fabrizio De André che risciacqua l'impronta *minimale* nell'Arno trascinante della Pfm diventa un concerto che il pubblico gradisce. Le riletture dei brani sono di evidente marca prog-rock, ma la pregnanza dei testi del cantautore non ne risente, risalta piuttosto, alla faccia di coloro che ne temevano la fatale ibridazione. Della *Buona novella,* in scaletta, trovano spazio soltanto due brani, ma saranno prodromi di più ampi ripescaggi successivi. Si tratta di *Maria nella bottega di un falegname* e del *Testamento di Tito.*

"*Credo sia stato uno scambio alla pari. Noi da lui abbiamo imparato l'importanza del testo*", dichiara Franz Di Cioccio a Mario Luzzatto Fegiz, sul *Corriere della sera,* "*De André, invece, prese da noi consapevolezza della sua potenzialità da musicista*".

Registrato fra il 13 e il 16 gennaio 1979, nel corso dei concerti di Bologna e Firenze, *Fabrizio De André in concerto-Arrangiamenti Pfm* genera, di conseguenza, un arricchimento del repertorio deandreiano che guadagna una potenza sconosciuta sin qui. Succede attraverso una dilatazione dei suoni, attraverso arrangiamenti e improvvisazioni che li rendono *altri*, quasi nuovi, meno funerei, rispetto alle versioni originali (è lo stesso De André a dichiarare che "*prima di allora avevo l'impressione che certe mie canzoni puzzassero di cadavere*"). Il prog-rock della Pfm non appesantisce e non stride, per esempio, con la poetica densità di *Maria nella bottega di un falegname* e nemmeno con la dolente eversione di Il *testamento di Tito*. Entrambe acquistano anzi una dinamicità inattesa, che le consegna al rock senza traumi, né forzature. Ma la storia della *Buona novella* "dal vivo" non si esaurisce nella circostanza, spingendosi ben oltre la lunga coda degli anni Settanta (e la stessa Pfm), a riprova della sua caratura di caposaldo lirico e dissidente.

1. Franco Zanetti con Claudio Sassi *Fabrizio De André in concerto*, Giunti 2019.
2. Adelia Brigo, *Quella volta che io e De André litigammo per un si bemolle*, Varese News, 11 gennaio 2019
3. Patrizio Ruviglioni, *Quando il prog sovvertì la canzone d'autore*, in Rolling Stone, 10 febbraio 2020
4. Ibidem

Corollario: Il fotografo, il poeta e la band

Tua madre ce l'ha molto con me
perché sono sposato e in più canto
però canto bene e non so se tua madre
sia altrettanto capace a vergognarsi di me
La gazza che ti ho regalato
è morta, tua sorella ne ha pianto,
quel giorno non avevano fiori, peccato,
quel giorno vendevano gazze parlanti
E speravo che avrebbe insegnato a tua madre
a dirmi "Ciao come stai ", insomma non proprio a cantare
per quello ci sono già io come sai.
I miei amici sono tutti educati con te
però vestono in modo un po' strano
mi consigli di mandarli da un sarto e mi chiedi
"Sono loro stasera i migliori che abbiamo?"
E adesso ridi e ti versi un cucchiaio di mimosa
nell'imbuto di un polsino slacciato.
I miei amici ti hanno dato la mano
li accompagno, il loro viaggio porta un po' più lontano
Giugno' 73

In una foto di Guido Harari Fabrizio De André dorme per terra. Dall'alto piove una luce gelida, da interno di Palasport. La vita da tournée è dura ma Coda di Lupo non ammette privilegi, nemmeno per se stesso. Riposa dove capita e come può. "*Aveva da poco finito di incidere questa canzone* (*Coda di lupo*, nell'album *Rimini*, ndr) *e tutti, a cominciare da lui, si erano dati dei soprannomi indiani. C'erano Due Orsi, Naso di fata, Alce Grigia... erano Coda di lupo e i suoi guerrieri che attraversavano un'Italia turbolenta. Ricordo le contestazioni ai concerti. Fabrizio le affrontava senza fuggire. Alla ricerca perenne di un dialogo, cercava di capire cosa stesse succedendo*". Erano giorni a cavallo tra il '78 e il '79. C'erano musica, c'era poesia, c'erano sogni, e c'era furore. Pfm e De André insieme. E Guido Harari alle macchine fotografiche. Lo scatto di Faber che dorme contro un termosifone è suo. Così come gli altri compresi in *Evaporati in una nuvola rock* (Chiarelettere, 2008), cronaca di un tour che ha fatto storia.

Guido Harari, su Fabrizio De André è stato scritto di tutto. Perché, allora, questo libro? Che tipo di gestazione ha avuto, e, soprattutto, in che modo, lei e Di Cioccio, siete riusciti a tenervi lontani dalla pura e semplice operazione agiografica?
Con Franz coltivavamo da anni il sogno di scrivere il diario ufficiale di quella tournée. De André usciva, per la prima volta, dal ruolo di cantautore solitario, diventava *performer*. Avendo, peraltro, a disposizione una band vera e propria e non dei semplici turnisti. Abbiamo cercato di realizzare un reportage dall'interno: la viva voce dei protagonisti e le foto ufficiali. Uno sguardo diverso sull'artista piuttosto che le consuete didascalie. Il libro è il racconto spontaneo di ciò che accadde.

De André è stata una persona, prima ancora che un personaggio, controversa. Aldilà degli aspetti, per così dire, leggendari che già lo accompagnavano ai tempi del tour con la Pfm, cosa l'ha sorpresa di più del suo carattere?
Tante cose: il suo essere diretto, disponibile. Il suo modo di ascoltare le ragioni di chiunque. La capacità che aveva di parlare di argomenti complessi in modo comprensibile. Mi ha colpito anche il suo lasciarsi guardare senza mediazioni. Le foto di questo libro non hanno mai conosciuto censura. Né al momento in cui scattavo né dopo, guardandole.

Su De André ne sono state dette tante. Per esempio: è vero che aveva una paura fottuta del pubblico al punto da sbronzarsi prima di salire sul palco?
Il discorso dell'alcol credo che preceda la sua decisione di darsi al pubblico nei concerti. Credo che l'alcol gli permettesse di filtrare le sue paure, di tenere a bada le sue idiosincrasie, di trovare un modo di rilassarsi, di rapportarsi con gli altri.

L'immagine che si ricava dall'esterno del connubio De André & Pfm è quella del cantautore ombroso chiamato a convivere con un gruppo, invece, spumeggiante. Che clima si respirava in tournée? Ha un aneddoto da consegnare ai posteri?

Pur attraverso molti conflitti – abbastanza prevedibili tra artisti di quella caratura – lo spirito di gruppo era forte. Una specie di tribù viaggiante. Fabrizio possedeva una grande ironia e spesso cambiava i testi delle sue canzoni in versione *pepata*. A volte si faceva prendere la mano. Ricordo che a un concerto a Roma – uno dei più caldi, funestati dalla contestazione – durante *Amico fragile* (difficile da portare avanti in un clima del genere) cambiò "seduto in mezzo ai vostri arrivederci" in "seduto in mezzo ai vostri vaffanculo".

A proposito di episodi che sfidano il tempo: lei ha ritratto alcune delle star più importanti del panorama rock mondiale. Che differenza ha riscontrato rispetto a Fabrizio De André?

La differenza che spicca di più è la cultura. Essere una star non sempre significa possedere uno spessore. Fabrizio questo spessore l'aveva. Come poeta e come uomo di pensiero. Perché alla fine questo è stato De André. Aldilà delle sue canzoni, che possono piacere o meno, è diventato un mito per tutta una serie di ragioni giuste: cultura, pensiero, intelligenza.

Mario Bonanno, *Fabrizio, il poeta di strada*, left n. 43 – 24 ottobre 2008.

Le anime salve della *Buona novella*

E poi seduto in mezzo ai vostri arrivederci
mi sentivo meno stanco di voi
ero molto meno stanco di voi
Potevo stuzzicare i pantaloni della sconosciuta
fino a vederle spalancarsi la bocca
Potevo chiedere ad uno qualunque dei miei figli
di parlare ancora male e ad alta voce di me
Potevo barattare la mia chitarra e il suo elmo
con una scatola di legno che dicesse perderemo
Potevo chiedervi come si chiama il vostro cane
il mio è un po' di tempo che si chiama Libero
Potevo assumere un cannibale al giorno
per farmi insegnare la mia distanza dalle stelle
Potevo attraversare litri e litri di corallo
per raggiungere un posto che si chiamasse anarchia
Amico fragile

Per dirla grossa ma non troppo: messi uno di fila all'altro, i saggi scritti su Fabrizio De André, riempiono l'area piccola di un campo di calcio. Ne ho uno a portata di mano, che voglio segnalarvi per chiudere (?) il discorso sul rapporto del cantautore col potere. Il libro si intitola *Fabrizio De André, un'ombra inquieta. Ritratto di un pensatore anarchico* (Federico Premi, per le Edizioni trentine Il Margine), ed è tra i testi più esaustivi-significativi che mi sia capitato di leggere sullo specifico deandreiano. Significativo in quanto filosofico, anti-biografico, decisamente *altro* dal saggio musicale-seriale, e dunque mappa potenziale di orientamento per questi tempi senza indirizzo né memoria. *Fabrizio De André, un'ombra inquieta* è un simil-pamphlet che con la scusa di De André approda ad altro – Nietzsche, Steiner, Gesù, amore, morte, antiborghesismo, libertarismo, anarchia –, con un coraggio e un nitore intellettuale che gli fa onore. I due estratti seguenti risalgono alle pagine 20 e 21 del capitolo sulla "borghesia come malattia" (De André la definiva "borghesite"):

Il borghese non si chiede se le cose che sono possano essere anche in altro modo. Crede di conoscere tutto ciò che si può conoscere, senza mettere in discussione come e che cosa conosce. In questo senso, è lontano dall'agire filosofico – o più semplicemente umano – e dalla domanda genealogica nietzschiana, così familiare invece alla riflessione deandreiana: come è venuta al mondo la tal cosa? Quale ne è l'origine, il fondamento?
Il potere persuasivo di ogni Sistema fondato su valori fissi e indiscutibili fa sì che ogni alterità provochi nell'uomo, totalmente assorbito in un unico orizzonte di senso, una inconfessata paura, un disorientamento. Di qui la necessità di prendere le distanze – ipocritamente e spietatamente – da tutto ciò che è altro, diverso, nuovo o semplicemente non conforme al verbo.
Basta così. Torniamo adesso alla *Buona novella*. Alla sua storia infinita che, come detto, continua ben oltre le declinazioni live degli anni Settanta. A distanza di quasi vent'anni dall'assaggio fornito dal tour con Pfm (*Maria nella bottega di un falegname*, *La buona novella*), l'elegante tournée *Anime salve* del 1997 prevede il recupero di cinque estratti da quel disco delle meraviglie. Non è un caso: è come se nella circostanza De André intendesse chiudere un cerchio. Ultimare il suo cantico per stazioni sull'umanità umiliata e offesa, che dal disco apocrifo del 1970 qui incontra e si misura con i nuovi protagonisti degli abusi di potere (le "anime salve" del suo ultimo disco). La suite della *Buona novella* viene inaugurata poco dopo l'inizio del secondo tempo, e attraversa i brani riepilogativi dell'album. Nell'ordine *L'infanzia di Maria*, *Il ritorno di Giuseppe*, *Il sogno di Maria*, *Tre madri* e *Il testamento di Tito*, restituiti nel raffinato spessore che da *Crêuza de mä* in avanti segna in impronta i dischi del cantautore. Il gruppo di musicisti ingaggiato per l'occasione, risulta del resto pensato apposta per accentuare l'espressività acquisita. Supervisionati dall'imprescindibile Mark Harris, prendono parte al tour Cristiano De André (voce e strumenti a corda), Michele Ascolese e Giorgio Cordini (chitarre), Stefano Cerri (basso), Ellade Bandini (batteria), Rosario Jermano (percussioni) e Marco Arcari (fiati). Ci sono anche le coriste: Daniela Satragno, Laura De Luca e Luvi De André, e l'amalgama dell'insieme rasenta la perfezione.
Racconta Mark Harris:

Avevo già lavorato con De André su vari progetti nei primi anni '80. Quando mi richiamò nell'estate del 1997 per il nuovo tour mi dette carta bianca, così cominciai a lavorare su vari pezzi, una volta definita insieme la scaletta. Fu proprio lui, in quella prima fase, a esprimermi il desiderio di ripresentare, in qualche modo, La buona novella. *Io ascoltai il disco, tagliai qualcosa e alla fine risultò quella suite che tutti conosciamo e sulla quale entrambi concordammo. Per* L'infanzia di Maria *non avevo una sezione d'archi, quindi mi inventai una combinazione di figure ritmiche per basso e batteria, e per* Il testamento di Tito *la mia strategia era di rivitalizzarne la struttura armonica stessa partendo da quel riff-tormentone di chitarra elettrica che ho inventato per l'inizio. La mia intenzione era spiazzare l'ascoltatore medio: volevo creare un senso di sospensione e stupore, un'atmosfera 'profetica' come quel testo.*[1]

L'obiettivo è raggiunto in pieno: non solo il *Testamento di Tito,* ma l'intera cinquina de *La buona novella* risulta fiammeggiare di luce ulteriore e attuale. Una luminosità che dalla quasi pedissequa *L'infanzia di Maria* passa al sitar etnico-orientaleggiante di *Il ritorno di Giuseppe*, quindi alle chitarre elettriche e agli archi sintetici di *Il sogno di Maria,* per approdare al taglio essenziale per voce, chitarra e contrappunto di violino, di una *Tre madri* da pelle d'oca. Il finale del *Testamento di Tito* trova infine il suo acme nella citazione inedita di *L'infanzia di Maria*, composta da Harris su richiesta dello stesso De André:

Lo scrissi tutto di mio pugno su richiesta di Fabrizio. È originale. Noi lo chiamavamo il 'finalissimo'. Pensa che durava addirittura il doppio e durante le prove metteva spesso a dura prova la fatica dei musicisti. A ovviare alle difficoltà legate anche alla complessità armonica di questa sezione, ci venne incontro Faber. Come un regista attento al montaggio ci fece partire, fu uno 'stop and go': diceva "Qui fermati... ora fermati qui... taglia tutto quello in mezzo". Io rimasi allibito. Era un approccio lontanissimo dal mio fare musica, eppure alla resa dei conti, devo ammettere che aveva ragione, riprovando ci accorgemmo che il 'finalissimo' era perfetto.[2]

Del tour esistono due tracce – audio e video – editate qualche tempo dopo. La prima riferisce al cd *De André in concerto* (Ricordi, 1999), la seconda al Dvd con lo stesso titolo, pubblicato nel 2004. Al disco live, De André lavora personalmente, quando la malattia gli è ormai stata diagnosticata. Quasi volesse alimentare un continuum con uno spettacolo tra i suoi più pregnanti, costretto a interrompere bruscamente per i gravi problemi di salute.
De André in concerto costituisce di fatto la comprova di ciò che è stata – e,

perché no, di ciò che ha *rappresentato* – quell'ultima tournée. A differenza della scaletta del concerto, il cd sorvola rapido sul disco della svolta (*Crêuza de mä*) e il disco *Anime salve* (solo tre brani) per soffermarsi a ritroso sugli episodi salienti di un iter discografico contrassegnato da pezzi-capolavoro, a cominciare da quelli contenuti ne *La buona novella*: la storia non autorizzata di Gesù Cristo, venuto al mondo come uomo e come uomo (*in quanto uomo libero e dissidente*) ucciso sulla croce. La sua traiettoria terrena – qui ulteriormente riepilogata per interposte figure – riprova, se ce ne fosse bisogno, la cifra peculiare dello specifico deandreiano, l'ottica *relativa* e al tempo stesso la granitica fede libertaria con cui l'uomo (e il cantautore) osservava le cose della vita e del mondo. Persino al cospetto dell'apparente mistero della divinità, lo sguardo di De André si mantiene umile, comune, ostile al potere ma nel contempo capace di pietà e di amore. Le stazioni della *Buona novella* riproposte dal vivo in questo disco non hanno perso un grammo del loro spessore umano, e nemmeno della forza dirompente veicolata tra le righe. Assurgono a classici senza tempo, a emblemi meta-significanti, capaci di trasversalità e dunque di arrivare al bersaglio sottile delle coscienze senza quasi farsene accorgere.

Secondo Enzo Gentile e Alberto Tonti (nel *Dizionario del pop-rock* di Zanichelli), *De André in concerto* rappresenta l'"*Epitaffio di un artista maiuscolo, che prima di morire coordina tra limature e rettifiche di scaletta, i materiali di un disco dove per la prima volta compaiono in versione live canzoni tratte da* La buona novella. *La solita band elegante, dalle sonorità sopraffine, e soprattutto lui, il grande Faber con la voce tormentata e solenne che si ferma a scavare nell'anima*".

1. Riccardo Storti, *I vangeli secondo De André*, Aereostella 2009.
2. Ibidem

Il chitarrista di Faber

E ancora ucciso dalla vostra cortesia
nell'ora in cui un mio sogno
ballerina di seconda fila
agitava per chissà quale avvenire
il suo presente di seni enormi
e il suo cesareo fresco
pensavo è bello che dove finiscono le mie dita
debba in qualche modo incominciare una chitarra
Amico fragile

Per il tour *Anime salve*, a dividersi le chitarre con Michele Ascolese, viene (ri) chiamato Giorgio Cordini. "*Un musicista pragmatico*", come scrive Reno Brandoni (*Chitarra Acustica*, marzo 2019). "*Uno di quelli che ti parla guardandoti negli occhi. Non si nasconde dietro corteggiamenti in cerca di un'opportunità, ti dice ciò che pensa, sia quando le cose lo entusiasmano, sia quando deve criticarti*". Chissà se è per queste caratteristiche che il suo rapporto con Fabrizio De André è andato avanti otto anni. Il cantautore genovese non amava gli adulatori, e forse la franchezza di Cordini fungeva da contraltare alla sua notevole personalità.
Passato anch'egli dall'esperienza formativa della Pfm, Giorgio Cordini è amante del blues, e dal vivo ha suonato, fra gli altri, per Carey Bell, Otis Rush, Louisiana Red nelle date italiane dei loro tour. Arrangiata in proprio e portata in tour a partire dal 2006, *La buona novella* gli è rimasta nel sangue, e c'è da capirlo.
All'inizio della conversazione, la prendo appena un po' alla larga, informandomi prima del suo rapporto con Faber.

La sua collaborazione con Fabrizio De André ha attraversato in diversi anni diversi live. Mi riferisco, in special modo, alla lunga tournée *Le nuvole* del 1991, e ad *Anime salve* e *Mi innamoravo di tutto* del 1997 e 1998. Al di fuori della consistente agiografia *post mortem* che tipo di persona era Fabrizio De André?

Avrei mille episodi e aneddoti da raccontare per cercare di descriverne la personalità, ma voglio solo ricordare quanto fosse diverso da come lo immaginavo prima di conoscerlo: mi era stato descritto come una persona difficile e scontrosa, mentre frequentandolo ho scoperto quanto fosse al contrario gentile, affabile e generoso. Da un punto di vista artistico mi rendo conto di aver avuto la fortuna di collaborare con una persona che già prima consideravo un grande poeta e che la conoscenza personale mi ha confermato essere tale.

C'è una pigra vulgata che circola sui cantautori, relativa alle lacune musicali palesate. Da musicista, lei come la vede? E fino a che punto Fabrizio De André poteva permettersi di intervenire, e/o di fatto interveniva, in ambito tecnico durante la preparazione dei tour?
Io credo che a volte i cantautori siano sottovalutati come musicisti. In particolare ritengo che Fabrizio De André, universalmente riconosciuto come grande poeta, sia stato anche un talentuoso musicista e sia sempre riuscito a coniugare musica e parole con estro, fantasia e competenza, raggiungendo i vertici di ciò che si suole definire "canzone d'autore".
Durante le prove dei tour la sua meticolosità e la sua accuratezza si manifestavano insieme alla sua determinazione nel voler ottenere il massimo da ognuno dei suoi collaboratori: interveniva spesso, si confrontava con noi musicisti e con i tecnici del suono e non si mostrava soddisfatto fino a quando l'esecuzione di una canzone non appariva abbastanza efficace. Si continuava a provare e riprovare il brano in questione finché il risultato non era per lui perfetto.

***La buona novella* è il disco forse più rappresentativo della poetica umanista di De André. E questo, a mio avviso, per due ordini di motivi: il primo per il focus antidogmatico attraverso cui inquadra la parabola della nascita e della passione di Cristo. Il secondo per l'acume anti-convenzionale con cui la rivoluzione del messaggio di Cristo diventa accostabile a quella delle istanze della rivoluzione del 1968. È d'accordo?**
Abbiamo spesso considerato Fabrizio estraneo o almeno lontano dal mondo cattolico. Quindi ci sforziamo di capire come uno come lui, che in ogni caso era persona sensibile, profonda e sempre attenta ai comportamenti umani, abbia voluto studiare a fondo la vicenda di Gesù Cristo. Non si fidò degli evangelisti riconosciuti, che definiva "l'ufficio stampa" della Chiesa, ma approfondì i Vangeli Apocrifi, fino al punto di trarne una sua "Buona Novella", una sorta

di rilettura che approfondisce i tratti umani di Gesù, di Maria, di Giuseppe, tralasciando quelli più sacri e dogmatici che già troviamo descritti nei Vangeli Sinottici, quelli ufficiali.
Il secondo aspetto, quello che ricalca le istanze dei movimenti del '68 era ben descritto e sottolineato durante gli ultimi tour nella presentazione che Fabrizio faceva della *Buona novella*, della quale eseguivamo ben cinque brani: con parole semplici metteva in evidenza il carattere rivoluzionario di Gesù, le sue dottrine anticonvenzionali, così vicine alle ideologie sostenute dagli studenti in quegli anni.

Con la Piccola Orchestra Apocrifa, nove musicisti di estrazione classica e rock, a partire dal 2006 ha riportato in tour *La buona novella*. Come e perché è approdato a questo progetto? E in che modo si è accostato al disco?
Nel 1990, quando ho iniziato a collaborare con Fabrizio, conoscevo già molto bene gran parte del suo repertorio, dalle prime canzoni che avevo imparato a cantare e suonare fin dai primi anni '60, fino a *Crêuza de mä*, l'ultimo album che aveva realizzato assieme al mio grande amico Mauro Pagani. L'unico suo lavoro che non conoscevo, se non per sommi capi, era la *Buona Novella*. Nella tournée del '92-'93 Fabrizio iniziò a eseguire dal vivo alcuni brani di quell'album, cui era particolarmente affezionato. Così mi ritrovai ad ascoltare e imparare parte di quel progetto e lo feci soprattutto dal punto di vista musicale, senza mai mettere particolare attenzione sui testi. Fu soltanto diversi anni dopo la scomparsa di Fabrizio che volli colmare quel vuoto dedicandomi all'ascolto della sua *Buona novella*: ne rimasi talmente incantato da decidere di riprendere uno per uno i vari brani, sviscerarne i contenuti musicali e letterari e realizzarne una rilettura. Dal punto di vista musicale l'originale era frutto della collaborazione tra il mondo classicheggiante di Gian Piero Reverberi e la vena rock del gruppo dei Quelli (che sarebbero poi diventati Pfm), così pensai di mettere insieme la mia estrazione rock con quella di un classico quartetto d'archi e flauto traverso. Era il 2006 quando registrammo dal vivo a Brescia il concerto della *Buona novella* con un gruppo di nove elementi cui avevo dato il nome di Piccola Orchestra Apocrifa. Ancora oggi, dopo quattordici anni e dopo un grande numero di concerti tenuti in ogni angolo d'Italia, abbiamo frequenti richieste e la nostra formazione, pressoché invariata e naturalmente molto affiatata, rimane tuttora attiva.

In fase di elaborazione del tour quali erano, se c'erano, i suoi più grandi timori?

Forse il timore maggiore nell'allestire il concerto della *Buona novella* per la Piccola Orchestra Apocrifa è stato quello di non riuscire a tenere alta la concentrazione del pubblico in modo che non andasse perduto il filo del racconto racchiuso dentro un'opera così delicata e potente al tempo stesso. Così gli arrangiamenti sono stati realizzati collegando ogni brano al successivo con un breve inserto musicale: in pratica tutte le canzoni vengono eseguite senza alcuna interruzione tra una e l'altra e questo fa sì che la narrazione della vita di Gesù scorra sequenza dopo sequenza con grande efficacia.

Il concerto prevede poi un secondo tempo in cui vengono eseguiti altri brani del repertorio di Fabrizio e questa parte risulta più "leggera" perché propone alcune fra le canzoni più conosciute dal pubblico.

Ma le emozioni che produce l'ascolto della *Buona novella* sono sempre molto intense.

***La buona novella* rappresenta uno straordinario esempio di album-concept, va dunque assunta e analizzata nel suo insieme. Ritiene tuttavia che al suo interno possa individuarsi una traccia topica dello spirito del disco?**

Considero l'ultima traccia dell'album *Laudate hominem* quella più emblematica e particolarmente significativa di tutto il disco, anche se musicalmente risulta un po' lontana dallo stile deandreiano, a mio avviso sempre presente in ogni altro brano. La nostra versione di questa canzone è stata arrangiata in modo deciso, abbandonando la veste classicheggiante dell'originale, peraltro non cantata da Fabrizio, cercando di alleggerire le coralità enfatiche e altisonanti e sostituendole con un cantato più semplice e misurato. Il coro iniziale "*laudate dominum*" si trasforma alla fine in un "*laudate hominem*" riassumendo in modo decisivo tutto il significato della *Buona novella* di Fabrizio che fa diventare il Cristo Dio un Cristo Uomo, disconoscendone la divinità e mettendo in luce la fragilità dell'essere umano.

Tornando al punto di partenza della nostra conversazione: qual è il ricordo più significativo che l'accompagna ancora di Fabrizio De André?

Sono tanti gli episodi che potrei raccontare. Forse i più significativi sono quelli in cui mi trovavo proprio a tu per tu con lui, che tutto sommato non sono moltissimi, perché quasi sempre con noi c'erano altri musicisti, la moglie Dori o altri amici. Ma quando ho dovuto, dietro sua precisa richiesta e con grande piacere, insegnargli a suonare il bouzouki, ho trascorso più volte qualche ora insieme a lui e lui solo. Eravamo a casa sua, un bell'appartamento di Milano, in zona San Siro, cui si accedeva con un ascensore che arrivava direttamente all'interno, in uno spazioso ingresso arredato con mobili moderni. Ci mettevamo in un salotto con i nostri bouzouki e io gli facevo vedere come si eseguivano i fraseggi di *Jamina* e di *Crêuza de mä*. Fabrizio era molto attento e scrupoloso, innanzitutto nell'imbracciare lo strumento, che si accomodava tra le gambe, dopo essersi seduto accavallando la gamba destra sulla sinistra, poi nel cercare di comprendere e duplicare i miei movimenti e la diteggiatura che doveva utilizzare per suonare i vari pezzi. Ma quello che mi colpiva di più era la sua caparbietà, la sua cocciutaggine nel suonare e risuonare ripetutamente una frase musicale senza abbandonarla se non quando l'esecuzione era a suo giudizio perfetta: quante volte gli ho detto di provare un'altra frase, sentendomi ripetere che non si sentiva ancora sicuro di come suonava la precedente! E naturalmente aveva ragione, perché alla fine raggiungeva i risultati che desiderava, da allievo modello. I ricordi di quelle ore trascorse con lui sono ancora vivi e confermano ancora quanto Fabrizio fosse meticoloso e esigente con se stesso: preciso e rigoroso, non lasciava mai niente al caso e i risultati di questa sua determinazione erano e sono sotto gli occhi di tutti.

La buona novella oltre De André (ancora Pfm)

Le mie canzoni sono degli addii. Addio alle parole che canto, ai pensieri che vanno lontano dalla bocca, dalla lingua, dalla testa. Addio alle persone che le ascoltano dai dischi perché se le ascoltano vuol dire che sono passive, che loro non le sanno o non le vogliono cantare. Insomma anche loro sono morti. Così le mie canzoni sono degli addii ai morti.
E d'altra parte si scrive per liberarsi di qualcosa,
per dire addio a qualcosa o a qualcuno.
Fabrizio De André

I testi di Fabrizio De André stazionano sul limitare promiscuo di canzone e poesia. Sono un esercito disarmato di parole. Parole in fila indiana, parole sante, parole cesellate, contro-tendenti, evocative, secche, riflesso di mondo, *smisurate* come la preghiera di una sua canzone. Parole-rimando, reticoli di storie compiute in sé. Niente da aggiungere e niente da togliere: dei testi di Fabrizio De André si può solo prendere atto. Semmai antologizzarli, *meta-significarli*, trascenderli. Cambiarli di una virgola, di un aggettivo, di una rima che sia una, no. Le canzoni di De André sono quasi una fede laica. Ancora (e ancora): puoi girarci attorno, cantarle (ovvio), mandarle a memoria, persino scommetterci e fondarci sopra la tua vita, metabolizzato, una volta e per sempre, lo statuto poetico che le segna in impronta.

Fabrizio De André muore a Milano, l'11 gennaio 1999. Come c'era da aspettarsi non muoiono con lui i suoi versi, studiati e sistematizzati come prima e più di prima. Soggetti a florilegi, omaggi, rivisitazioni; assunti a oggetto di culto, di studio, di reading apocrifi, di rappresentazioni teatrali, dallo scavallare del millennio sino a oggi.
Da singole o in gruppo le canzoni della sua *Buona novella* non fanno eccezione. Con loro si sono cimentate, nel corso del tempo e con maggiore o minore aderenza all'originale, attori e registi (Claudio Bisio e Giorgio Gallone: *La buona novella di Fabrizio De André*, 2000), attori-cantautori con banda

itinerante (Davide Riondino, 2003), interpreti, compositori e musicisti a non finire (Antonella Ruggiero, 2009; Elvio Rocchi, 2003; Giorgio Cordini, 2006; per citarne qualcuno), ancora e in special modo la Premiata Forneria Marconi, che a quarant'anni suonati dalla pubblicazione del disco, tira fuori un remake, quindi un tour clamorosi. Il racconto attraverso cui Franz di Cioccio e Franco Mussida spiegano come, perché e senso ultimo dell'operazione, è rilasciato al giornalista Marco Lo Giudice di *Onda Rock*:

Franz Di Cioccio All'epoca, per le registrazioni de *La buona novella*, fu il caso a farci incontrare, nella persona di Gian Piero Reverberi: eravamo due prodotti artistici con background culturali ben precisi, e alla fine noi abbiamo dato esclusivamente un suono all'idea di Fabrizio. Nel '78, l'anno del secondo incontro con De André, eravamo certo più consapevoli delle rispettive capacità, e siamo stati l'uno per l'altro fondamentali: con i nostri arrangiamenti, Faber divenne definitivamente popolare, appetibile (prendi la ballata de *Il Pescatore*, con noi tramutata in un inno di gioia da stadio). Con la sua sensibilità, noi imparammo a dare attenzione ai testi, alla dimensione introspettiva. E oggi, quello che facciamo è se vuoi quello che fece la Pivano con i poeti americani, un'azione divulgativa nei confronti dell'opera di De André. E devo dire che il nostro ritorno sulle scene con le musiche e le parole di Faber ha stimolato molto, ha fatto nascere come funghi una valanga di operazioni simili. Con la differenza che la nostra, lungi dall'essere un'operazione nostalgia, è squisitamente filologica. *La buona novella* passata per le nostre mani è un'opera apocrifa in tutto e per tutto: perché prima nascosta e poi riscoperta, e perché dichiaratamente rock. È stato come prendere in mano un'opera di Shakespeare, e farne una regia nuova. E con testi così, che parlano, anzi urlano della vita, ti assicuro che è stata una goduria.

Franco Mussida Nella scaletta dello storico tour del '79, c'erano già due pezzi de *La Buona Novella*. Visto che ricorreva il quarantennale della pubblicazione dell'album, e visto che sono passati gli stessi anni dalla nascita della Pfm, ci siamo chiesti: perché non rimetterci mano, a modo nostro? L'opera di Faber è concettuale, rigorosa, il cantare è quasi recitato, sembra una litania; e i pezzi ne perdono certamente un po' in questo mondo ristretto. Noi abbiamo cercato così di dare spazio e significato all'elemento immaginativo, accompagnando il concetto con i colori di oggi. Ecco allora che *Laudate Hominem* perde il coro mastodontico, barocco e diventa un rock pesante. Oppure prendi *Il ritorno di Giuseppe*: nel disco originale il suono del deserto era dato esclusivamente da un sitar, qui viene evocato da tutto l'arrangiamento. O ancora, *L'infanzia di Maria* diventa una tarantella contemporanea, in pieno stile Pfm, e *Ave Maria* è raccontata con le atmosfere di una balera del mantovano. Insomma abbiamo voluto utilizzare il linguaggio musicale per creare stati d'animo immaginativi particolari, che donassero colori nuovi alla densità del messaggio e della poesia di Fabrizio.

Il disco ha un titolo che sta a metà tra l'omaggio e il calembour: *A.D. 2010 - La buona novella*. "*Opera apocrifa*" c'è anche specificato più sotto, nella copertina: la prova provata che tra il capolavoro di De André e questo suo remake muscolare, sono scappati via quarant'anni ma non lo spirito della divergenza. *A.D. 2010* è da accogliere dunque come un'agiografia non ufficiale del disco sommo del sommo De André? O come un concept-album ascrivibile alla serie nostalgia canaglia? Se gli intenti sono solo questi, Pfm maschera bene. In quanto si profonde in un disco non supino all'originale, che asseconda e al contempo trascende le tracce. *A.D. 2010...* comprende anche mezzora buona di musica in più, che significa musica *in più* Pfm–style: rock d'autore, incursioni prog (l'imprinting gloriosus non si getta alle ortiche), gran classe e (quindi) virtuosismi da vendere. Consigliato archiviare tra i bei ricordi, l'originale di De André, e godersi appieno quest'opera *altra* e quasi autonoma, senza sprecare tempo con i riferimenti. Che ci sono, senza dubbio, ma vanno ricondotti allo spirito d'insieme. Al discorso simbolico di una parabola apocrifa, del resto, difficilmente trascurabile.
L'album comincia col botto. Un attacco inedito, interamente strumentale: *L'opener Universo* procede con basso pulsante, seguito in progress da batteria, chitarra, e un Hammond segnatamente anni '70. Primi applausi, e non siamo che all'incipit. Nella successiva *L'infanzia di Maria* Franco Mussida (chitarra) e Lucio Fabbri (violino) sostengono la voce di Franz Di Cioccio, che (vabbè) non è quella di De André ma fa del suo meglio, e agevola pure qualche brivido. Interno alla canzone, c'è l'inserto (originale) costituito da *La tentazione*: l'affresco clamoroso della folla dei "senza moglie" attratti dalla bellezza puberale di Maria. Altra traccia: su un'impalcatura sorretta dal sapiente basso di Patrick Djivas *Il ritorno di Giuseppe* introduce all'assolo di chitarra *fusion* a metà brano e al ritorno a casa dello sposo, dopo un'assenza durata quattro anni.

Di lì alla scoperta della gravidanza della moglie, il passo è breve: *Il sogno di Maria*, anche nella fattispecie, si offre all'ascolto come un passaggio poetico, e sottotraccia terreno (altro che angelo!). La melodia è incantevole, onirica a suo modo. Fa il paio con l'*Ave Maria* che segue e tiene botta. Il discorso sulla madre di Cristo, spogliata, come del resto in De André, da ogni coloritura sacra, continua con *Maria nella bottega di un falegname*, fedele alla versione del tour 1979 che la precede. Il giro di tastiera firmato allora da Flavio Premoli, qui è riproposto quasi identico da Gianluca Tagliavini, e identica è pure la sua efficacia. Oltrepassata idealmente la prima parte dell'album, ci si imbatte nella cinquina riguardante passione e morte di Gesù. *Via della croce* inizia col livore dei padri dei neonati fatti uccidere da Erode. Mussida e Di Cioccio si alternano nella narrazione di un brano in crescendo, nel corso del quale sono passati in rassegna tutti i partecipanti al barnum della crocefissione (le vedove "*fedeli e umiliate*", gli apostoli pavidi, i due ladroni di fianco al così detto re dei Giudei). Il pezzo si chiude con un assolo di chitarra che conosce il fatto suo. Congruo è anche il basso della successiva *Tre madri*, spesa attraverso un accompagnamento discreto e un break folk. Su *Il testamento di Tito* c'è poco di nuovo da aggiungere: si sa che è il brano più conosciuto ed eversivo della *Buona novella*, che il suo crescendo di chitarra elettrica lo è tanto quanto, e che la Pfm lo arrangiava-eseguiva già nel lontano tour del 78-79. Insomma, se non siamo in zona must, poco ci manca. Qui un leggero accompagnamento di tastiere diventa il controcanto alle leggi del ladro che muore, introducendo a un finale distorto nell'incipit chitarristico di *Laudate hominem*, celebrazione dell'uomo in vece di Dio. Con l'umana ed estrema bestemmia di Fabrizio De Andre, si chiude dunque anche questo *A. D. 2010. La buona novella*, che rivela in declinazione *mainstream*, quanto di quella lontana *Buona novella* – in apparenza lirica, di fatto rivoluzionaria – si sia salvato, tramandato ai posteri e alla storia.

E forse non soltanto della musica.

Non avrai altro Dio all'infuori di me
(spesso mi ha fatto pensare)

Evaporato in una nuvola rossa
in una delle molte feritoie della notte
con un bisogno d'attenzione e d'amore
troppo, "Se mi vuoi bene piangi"
per essere corrisposti
valeva la pena divertirvi le serate estive
con un semplicissimo "Mi ricordo".
Per osservarvi affittare un chilo d'erba
ai contadini in pensione e alle loro donne
e regalare a piene mani oceani
ed altre ed altre onde ai marinai in servizio,
fino a scoprire ad uno ad uno i vostri nascondigli
senza rimpiangere la mia credulità.
Perché già dalla prima trincea
ero più curioso di voi,
ero molto più curioso di voi.
Amico Fragile

Messi uno sopra l'altro fanno una discreta piletta di cd. Ad ascoltarli senza soluzione di continuità ci impieghi sedici ore e spiccioli, più di mezza giornata, ma è tempo speso bene, trattandosi di dischi in cui canta Fabrizio De André. Davanti a questo cofanetto deluxe (libro di 192 pagine + 16 cd) conviene pre-disporsi all'ascolto (no tv né cellulari né amici e/o congiunti tra i piedi), annullare gli impegni, fare scorta di birrette, giusto un paio di sandwich per non saltare il pasto, e il più è fatto. Al resto ci pensano voce e parole del sommo poeta, parole e voce che sanno ciò che fanno, e sanno farlo bene, oggi come ieri. Credetemi sulla parola, non ve ne pentirete. Anche se potreste citare passo passo l'intero canzoniere deandreiano, le chicche sparpagliate tra le scalette live di questi cd sono diverse e da non mancare. Alla traccia n. 17 del disco della "Bussola", per esempio, vi imbatterete nella versione censurata di *La canzone di Marinella* (contraltare sconcio di quella edulcorata, a partire dall'interpretazione, di Mina), con De André che canta senza battere ciglio *"prima fu una carezza ed un bacino / poi si passò decisi sul pompino / e sotto la minaccia del rasoio / fossi costretta al biascico e all'ingoio"*, tra gli "ohhh", e persino qualche applauso, del pubblico pagante. Poco prima, nello stesso cd (traccia 11), De André introduce *La guerra di Piero* spiegando come e perché non fosse il caso di inserirne il testo (senza la sua componente musicale) nelle antologie scolastiche. Che detta in altro modo, suona più o meno come: se avessi voluto fare il poeta avrei scritto poesie invece di canzoni. Negli storici album con la Pfm (gli unici editati in precedenza), si sente Faber che canta *Rimini* sommerso da una selva di fischi, e dal coro 'scemo scemo' di sottofondo. Si suonava al Palalido, e si usava, a quei tempi, contestare. Anche i cantautori. Soprattutto i cantautori. Ancora: il disco del tour *Anime salve* registra un'articolata disamina sulla solitudine (meglio: sul senso di solitudine) secondo De André. Quindi (traccia 14) una dissertazione sulla differenza tra lingua e idioma, più contigua di ciò che appare a prima vista a quella sul rubare degli zingari piuttosto che delle banche. E a questo punto vi sarete fatti un'idea su ciò che può aspettarvi come valore aggiunto alle canzoni, che peraltro conoscete già a memoria. Aldilà della caratura filologica dell'operazione, ciò che rende indispensabile (necessario?) l'ascolto di questo cofanetto sono i "parlato", restituzione del Faber-pensiero intorno a vita, morte e molto altro di più. Le tante *anime* in una sola del più grande cantautore-intellettuale di tutti i tempi: anarchico, generoso, sobrio, bevuto, caustico, timido, spiritoso, indignato, poetico, controverso, carismatico. Per accennare di volata al cuore tecnico di questa scatola dei segreti (?): trattasi della summa dei bootleg documentari – spesso low fi, come ne "La Bussola" in cui la voce sembra venire fuori da un antro cavernoso alla Bongusto – dei concerti compresi fra il 1975 e il 1998. Roba buona (succulenta) per filologi, neofiti e/o seguaci della primissima ora. Il raccolto live della Fondazione De André, riveduto e corretto, ampliato/completato/arricchito di registrazioni ufficiali (direttamente dal mixer), anni luce più professionali. Un documentario on the road stracarico di musica, discorsi, topoi, hit di Fabrizio De André. La ri-proposizione fedele del suo percorso artistico e, perché no, anche umano. Ribadisco: dal concerto di Viareggio del 1975, quando Faber se la faceva ancora sotto per la paura che gli metteva il pubblico (alla faccia dei sette album già alle spalle), agli ultimi fuochi del tour "Mi innamoravo di tutto" (il lavoro di ripulitura delle registrazioni è affidato a Stefano Barzan e Giancarlo Pierozzi, quest'ultimo fonico di sala di De André fin dal lontano 1984). Circa duecento canzoni (negato come sono per la tassonomia mi sfugge il conto esatto, pardon), con diverse versioni di *Amico fragile*, *Giugno '73*, *La guerra di Piero*, *Marinella*, *Andrea*. Rivisitazioni d'antàn (*Le passanti*, *Oceano*, *Via della povertà*), il "dal vivo" di un album-capolavoro come *Storia di un impiegato*. Sotto l'egida di tre impronte dominanti sugli arrangiamenti. Nell'ordine: quella di Nicola Piovani (ai tempi dell'*Impiegato*), della Premiata Forneria Marconi (da *La buona novella* in poi) e di Mauro Pagani (nei pezzi di impronta etnica). Sui contenuti non occorre portarla per le lunghe: le canzoni di De André si raccontano da sole, colonna sonora e culturale, di più: cartina di tornasole e metro di misura di una Nazione. In ultimo, come direbbero quelli bravi in faccende di marketing: chi avesse modo e voglia di spendere in patrimonio intellettuale, "I concerti di De André" costituiscono un investimento sicuro. Costano meno del solito iPhone (100 euro) e Natale è sempre alle porte, no?

Così scrivevo per *Blogfoolk*, nel lontano dicembre 2012. Poco dopo, per qualche tempo, mi misi in testa di piantarla lì. Guccini già non faceva più dischi, Lolli (pace all'anima sua) si era dato ai reading. Venditti al pop decerebrato. Bennato era l'ombra del cantautore di una volta. Senza contare che Gaber, Graziani, Bertoli, e lo stesso De André, già non c'erano più. Sulla scorta dell'estinzione in massa della *corrente* dei cantautori, avevo, insomma, deciso di smettere di scriverne. Di Fabrizio De André non avevo mai cominciato, quanto meno mai per un libro. Era un impegno che mi ero dato e mi ero ripromesso di mantenere: dall'anno della sua morte (1999) i libri su De André non si contano. Biografici, apologetici, acuti, eretici, confessionali, si ripetono giocoforza e in progress: non credevo (e non credo) di riuscire a contribuire con qualcosa di nuovo al dibattito aperto su e intorno le idee del poeta, e per quanto mi riguarda tacere è sempre meglio che ripetere in coro. Inoltre, per rifarmi al vero grande assente della *Buona novella*, Fabrizio De André è un po' come Dio: su di lui si può dire tutto e il contrario di tutto. Sarà sempre dire troppo e troppo poco.

Ai tempi in cui i dischi sfrigolavano sul piatto del mio Pioneer, tra quelli di De André, *La buona novella*, non era il più consumato. Concentrato com'ero sulla rivoluzione sfiorata del lungo Sessantotto gli preferivo l'album dell'*Impiegato* – in quanto apologo anti-potere in accezione dura e pura ("*di respirare la stessa*

aria di un secondino non mi va" "vostro onore sei un figlio di troia" "così son diventato mio padre / ucciso in un sogno precedente") –, o, per fare un altro esempio, la traccia antifascista *Storie di ieri* di *Volume 8,* desunta peraltro dal De Gregori di *Rimmel* ("*la Mascella al cortile parlava / troppi morti lo hanno smentito / tutta gente che aveva capito*"). Per riandare al dunque, della *Buona novella* apprezzavo la reiterata *bestemmia* del *Testamento di Tito*, trovando il resto della scaletta alquanto pomposa, distante dai messaggi di lotta e perciò distante dai miei interessi di allora. Alla fine degli anni Settanta (quando, per ragioni anagrafiche, ho scoperto *La buona novella*) negli album dei cantautori cercavo soprattutto le strofe ferro e fuoco, e tolte quelle del *Testamento*, l'album-capolavoro di Fabrizio De André non ne prevedeva. Se non sotto-traccia. Il disco divergeva cioè in maniera troppo *sottile* perché allora potessi accorgermene ("*a vent'anni si è stupidi davvero / quante balle si han in testa a quell'età*", sentenzierebbe l'*Eskimo* di Guccini).
È passato il tempo e uno dei pochi vantaggi dei capelli bianchi è che ti abituano alla distanza. Non dico alla resa, o peggio all'abiura di ciò che si è stati, o di ciò in cui si è creduto; è solo che con l'avanzare dell'età fai caso, per esempio, di come nella vita (e nelle canzoni idem), funzioni più il fioretto che la sciabola, e la letteratura piuttosto che gli editti di proscrizione. Presti più attenzione, per esempio, a come *La buona novella* faccia mangiare la polvere a un novero nutrito di testi-tazebao. Vale per l'aspetto narrativo e vale per quello politico. Il Sessantotto rarefatto dei tempi di Gesù, arriva al bersaglio meglio che la lotta dichiarata nei dischi che si consumano col consumarsi della cronaca. Si scrive tanto e si scriverà ancora della *Buona novella* perché *La buona novella* è un disco che non muore. Perché parla la lingua universale del coraggio e del dolore, e lo fa a partire dagli uomini e dalle donne (in primis) che coraggio e dolore li esperimentano senza edulcoranti. Senza l'aiuto del cielo, e avversati dai potenti che col cielo sono compromessi.

Una mattina di qualche mese fa, mi sono imbattuto in un pezzo che annunciava i primi cinquant'anni di questo disco eterno (novembre 2020) e ho rotto l'impegno assunto con me stesso: ho scritto il mio primo libro su Fabrizio De André. L'ho scritto in modo *umile*, volutamente documentaristico, spero non incline all'agiografia. Immune come sono alle fedi confessionali, l'ho scritto senza rimorsi, convinto, con De André, che all'uomo-Gesù, fra i tanti, vada assegnato il merito di essere stato il primo, autentico, sovversivo della storia.

Parola di Faber

Una volta hanno detto che Fabrizio è il Bob Dylan italiano.
Si sbagliano: è Dylan che è il De André americano.
Fernanda Pivano

Almirante sembra così facile / ogni volta che sorride ti cattura / Ricorda proprio Bette Davis con le mani appoggiate alla cintura / Arriva Fra' John trafelato / e gli grida "il mio amore sei tu" / ma qualcuno gli dice di andar via / e di non riprovarci più / E l'unico suono che rimane / quando l'ambulanza se ne va / è Almirante che spazza via il sangue / in Via della Povertà / Covelli travestito da ubriacone / ha nascosto i suoi appunti in un baule / è passato di qui un'ora fa / diretto verso l'ultima Thule / E a vederlo tu non lo diresti ma era famoso qualche tempo fa / per suonare il violino elettronico alla corte di Sua Maestà / Ci si prepara per il 15 di giugno / e c'è qualcuno che comincia ad aver sete / Paolo VI ha gettato via la tiara / si è camuffato in abiti da prete / Sta ingozzando a viva forza Berlinguer / per punirlo della sua frugalità / lo ucciderà parlandogli d'amore / dopo averlo avvelenato di pietà / E mentre Paolo grida / quattro suore si son spogliate già / Berlinguer sta per esser violentato / in Via della Povertà / E bravo Leone mattacchione / il paese sta affondando nella merda / Nelle scialuppe i posti letto sono tutti occupati / e gli anarchici tutti annegati / e Agnelli e Indro Montanelli / fanno a pugni nella torre di comando / I suonatori di calipso ridono di loro / mentre il cielo si sta allontanando / E affacciati alle loro finestre / nel mare tutti han pescato voti / Qua e là nessuno deve preoccuparsi / di Via della Povertà / A mezzanotte in punto i poliziotti / fanno il loro solito lavoro / metton le manette intorno ai polsi / a quelli che ne sanno più di loro / I prigionieri vengon trascinati / su un calvario improvvisato lì per lì / e il caporale Adolfo li ha avvisati / che passeranno dal solito camino / E il vento da solo ride / e nessuno riuscirà a ingannare il suo fottuto destino / in Via della Povertà.

Un'inedita versione live di *Via della Povertà*, A. Rivista anarchica

Qualche mio collega sostiene che io sia un falso proletario. Proletario io? Né falso né vero. A parte che spesso mi sono trovato in bolletta, perché non c'è gusto migliore che spendere i propri soldi per bagordare e viaggiare con gli amici. E d'altronde quella di proletario è pur sempre un'etichetta, sicché la rifiuterei in ogni caso, come tutte le etichette che via via hanno provato ad appiccicarmi addosso – di comunista, di democristiano, di socialista, di borghese, perfino di fascista.

Se sono 'più modestamente' un anarchico è perché l'anarchia, prima ancora che un'appartenenza, è un modo di essere. Lo ero, del resto, fin da bambino, quando preferivo giocare a biglie e, in anticipo sul mio mestiere futuro, inventare parolacce, per strada, con una banda di compagni, piuttosto che stare in casa a fare il signorino di buona famiglia – quale comunque ero e quale sono rimasto per tanto tempo, vivendo sulla mia pelle la drammatica schizofrenia di chi abita contemporaneamente da entrambi i lati della barricata.

Fu grazie a Brassens che scoprii di essere un anarchico. Furono i suoi personaggi miserandi e marginali a suscitarmi la voglia di saperne di più. Cominciai a leggere Bakunin, poi da Malatesta imparai che gli anarchici sono dei santi senza Dio, dei miserabili che aiutano chi è più miserabile di loro. Santi senza Dio: partendo da questa scoperta ho potuto permettermi il lusso di parlare anche di Gesù Cristo, prima in Si chiamava Gesù, *poi in* La buona novella, *e oggi mi viene il dubbio che anche lui non fosse che un anarchico convinto di essere Dio; o forse, questa convinzione gliel'hanno attribuita gli altri.*

Intanto, da Bakunin ero passato a Stirner, e da una visione collettivista ne scoprii una più individualista: dopo tutto ci vuole troppo tempo a trovare gente con la quale vivere le mie idee e così me le vivo da solo. Con una sola regola da osservare, e la osservo proprio perché nessuno me l'ha imposta: anarchico non è un catechismo o un decalogo, tanto meno un dogma, è uno stato d'animo, una categoria dello spirito. E perciò scandalizzatevi pure, se tante volte ho cantato alle feste dell'Unità, ma di rado sono andato in televisione, se firmo contratti discografici che d'altronde non rispetto, e se ho perfino votato per la Dc: tra i suoi candidati in Sardegna c'era un mio amico, una persona capace, quindi un pessimo politico. Che infatti non fu eletto.

'De André il suo tema non è organico', mi diceva sempre, al liceo, il mio insegnate d'italiano. Allora ho cercato di essere organico da adulto, nella coerenza di una ribellione che passa anche attraverso le proprie viltà e le proprie contraddizioni. Senza le quali, ecco l'organicità, un uomo non è un uomo, ma un burocrate, o una macchina, o un cinghiale laureato in fisica.

Cesare G. Romana, *Amico fragile. Fabrizio De André si racconta a Cesare G. Romana*, Arcana 2009

Epilogo

Fabrizio De André era l'unico poeta della canzone d'autore. Gli altri, me compreso, con l'eccezione forse di Guccini, sono bravi, non poeti. E i suoi testi sono gli unici che reggono anche senza musica. Non è assolutamente per tutti. Il suo era un elitarismo culturale. Aveva il fisico e la testa del poeta. Non aveva bisogno di mettersi in una torre d'avorio: in quella torre ci era nato.
Fabrizio De André è la più grande ingiustizia culturale del Novecento, l'uomo che più di tutti meritava il premio Nobel.
Roberto Vecchioni

Un cielo lattiginoso sta archiviando la notte di Milano. Cerco di allineare i mei pensieri, e le parole di Massimo Germini: io scrivo, lui suona la chitarra da una vita, da più di vent'anni lo fa anche per Roberto Vecchioni. Con *La buona novella* c'entra come c'entra la generazione dei bambini ai tempi della *Buona novella*. Bambini circondati da fratelli maggiori, compagni e fratelli maggiori che spacciavano dischi come sigarette di contrabbando. Anni e dischi irripetibili, C'era da aspettarsi che ne sopravvivessero le eco.
Ho incontrato Massimo Germini la sera prima, per motivi diversi da quelli di questo libro. Per dirla in altro modo: l'argomento *Buona novella* è venuto fuori *en passant*, tra un bicchiere e l'altro di rosso e in modo del tutto *incidentale*. Più tardi, in albergo, ho realizzato che le ponderazioni di Massimo potevano tornarmi buone come controcanto tecnico alle altre, quelle degli addetti lavori che alla storia della *Buona novella* hanno, a vario titolo, partecipato.
Devo anche dirvi che la forma dialogica in cui si esprime questo epilogo, non costituisce l'esatta riproposizione della chiacchierata intrapresa con Massimo. Troppi bicchieri, diversi anni e altrettanti ideali condivisi ne hanno giocoforza condizionato la fisionomia. Insomma: non c'ero io che domandavo e lui che rispondeva secondo canone. Si è andati, al contrario, piuttosto a zonzo. Tra concetti divaganti, libere associazioni, assalti di idee, ripetuti salti di tempo e di spazio, come canterebbe Guccini nel *Pensionato*. Quella che state per leggere, dunque non è che una sintesi sghemba, ufficiosa e volutamente poco

convenzionale della versione di Massimo Germini sulla *Buona novella*. Ma del resto, vi vengono in mente un testo sacro, o un disco, più anticonvenzionali de *La buona novella* di De André?

...Massimo questa de *L'esorcista* devi spiegarmela bene. Che c'entra *L'esorcista* con *La buona novella*?
C'entra perché è un film che terrorizza persino gli atei dichiarati come me, e il fatto si spiega coi retaggi cattolici che hanno condizionato, più o meno consapevolmente, quelli della mia generazione.

La stiamo prendendo alla larga: stai dicendo che l'*Esorcista* segna lo spettatore in quanto l'idea di diavolo appartiene, in qualche modo, all'inconscio collettivo?
Esatto. Quanto meno in Italia siamo imbevuti di cattolicesimo, lo siamo giocoforza. *L'esorcista* è un film che non si dimentica, come non si dimenticano *Jesus Christ Superstar*, e appunto *La buona novella*. Peraltro, se ci fai caso, tutte e tre le *opere* sono riconducibili allo stesso periodo...

Infatti: *La buona novella* è del '70, *Jesus Christ Superstar* del '73 e *L'esorcista* del 1974. Persino negli anni del lungo Sessantotto la parabola di Cristo è un tema che ritorna, ci appartiene...
Ti ripeto che la componente cristologica è *qualcosa* che ci portiamo dentro, noi italiani l'abbiamo impressa nel dna. Tanto *L'esorcista*, quanto *Jesus Christ super star* quanto *La buona novella* hanno toccato il mio immaginario bambino in quanto avevano a che fare, in qualche modo e in modi diversi, con la figura di Gesù. Frequentavo l'oratorio nel 1970, e molti altri come me...

Qual è il primo ricordo che hai della *Buona novella*?
Era un disco che girava per casa, come del resto *Tutti morimmo a stento* dello stesso De André. I miei fratelli erano attenti alla nuova musica dei cantautori, e anche il fidanzato di mia sorella si presentava spesso tenendo sottobraccio i dischi dei cantautori. Italiani e americani.

Eri poco più che bambino, che col tempo è diventato musicista. Che giudizio dai oggi della *Buona novella*, anche alla luce delle tue competenze tecniche?

La buona novella è un disco che *colpisce*. Colpisce per la sua bellezza realizzativa e, d'istinto, anche per i suoi testi, malgrado non tutti siano accessibili al primo ascolto. Si tratta di un album realizzato con assoluta perizia. Del resto Gian Piero Reverberi, che ne è stato il mentore, è un artista preparato, molto attento ai dettagli.

Molto giusto, fra l'altro la perizia realizzativa non era così scontata per gli album degli anni Settanta...
A quei tempi, in realtà, circolavano dischi un po' così, pieni di difetti tecnici. Difetti che non interessavano a nessuno, concentrati come si era soprattutto sull'aspetto contenutistico delle canzoni. *La buona novella* è invece un disco curato sin nei minimi particolari, è un disco ben fatto.

Vorrei ben vedere, la proto-Pfm ci ha suonato dentro...
I Quelli erano giovanissimi e già allora erano i più capaci fra i musicisti loro coetanei. Anche perché si cimentavano in un genere che metteva la musica in assoluto risalto...

Insisto: una specie di miracolo per il periodo...
Sì, tieni presente che non esistevano nemmeno le scuole di musica. Tutto ciò che si imparava, si imparava attraverso lo studio dei dischi che venivano, alquanto clandestinamente, da Stati Uniti e Inghilterra. Non c'era nessuno che ti insegnasse, tutto succedeva grazie all'ascolto, a una specie di passa parola...

Per tornare a Reverberi, ci ha dunque visto lungo arruolando a turnisti la Pfm...
Reverberi, che è anche un musicista di razza, è sempre stato un tipo puntuale. Anche come comportamento si distingueva dalla maggior parte di coloro che facevano il suo mestiere. Non beveva, non fumava, gli piaceva lavorare a orari precisi. È stato lui il vero deus ex machina della *Buona novella*.

Da ascoltatore non comune della *Buona novella*, sotto l'aspetto musicale, dove ti sembra che finisca l'autorialità di De André e cominci l'apporto di Pfm?
Fabrizio De André aveva un modo di suonare alquanto basico, però preciso. Nel disco molti degli arpeggini di chitarra sono senz'altro i suoi, le cose più

complesse vanno senz'altro ascritti alla classe della Pfm. Il loro contributo è risultato decisivo, non solo per quanto riguarda l'ambito dell'esecuzione ma anche per quello della composizione.

Mi fai un favore? Trovi un difetto alla *Buona novella*, e me lo dici sfidando le ire degli apologeti?

La buona novella è un'operazione estremamente colta, anche per quanto riguarda l'aspetto contenutistico e letterario dei testi. Questo potrebbe essere il difetto apparente e al tempo stesso relativo del disco. *La buona novella* esce in anni irripetibili, in cui persino questi azzardi erano consentiti. È stato realizzato in un teatrino parrocchiale di via Cinquecento a Milano, zona piazzale Corvetto, che Mauro Pagani (*nel disco fa una particina al flauto ottavino, ndr*) descrive alquanto malmesso. C'erano le assi che scricchiolavano e i musicisti, mentre registravano, dovevano stare attenti a non muoversi troppo perché altrimenti si sentiva il cigolio.

Erano tempi romantici, tempi in cui per la Causa si era capaci di gettare il cuore oltre l'ostacolo. E aldilà del suo spessore artistico, mi racconti qualcosa di poco allineato su Fabrizio De André?

È riuscito a trasformare la sua timidezza in mistero. Ai tempi della *Buona novella* giravano si e no tre foto che lo ritraevano. Ti racconto, a tal proposito, un ricordo personale: mi trovavo in vacanza sulla riviera romagnola, alloggiavo quell'estate nella tipica pensioncina da quattro soldi dove alloggiavano i milanesi poveri in vacanza. Avevo portato con me una radiolina a transistor a cui tenevo molto; successe che proprio da quella radio mi arrivarono le note di una canzone di Fabrizio De André…

…ti avverto che stiamo scivolando in zona *madeleine*: cos'è la tua, una specie di *rêverie*?

Aspetta, lasciami finire. Da piccolo non avevo idea di che faccia avesse Fabrizio De André. Non lo avevo mai visto, nemmeno in foto, e chissà perché lo immaginavo biondo, quasi angelico, un po' come gli eroi. Il vocione profondo che mi giunse quel giorno dalla radio, contraddisse l'idea che mi ero fatta di lui. Devo ammettere che ci rimasi quasi male…

APPENDICI

Tutte le edizioni di *La buona novella*

1970 1ª edizione Produttori Associati PA/LPS 34
1ª tiratura copertina ocra. La busta interna riporta i testi delle canzoni con errori di stampa. Label con logo P.A. 270° e senza la scritta STEREO (comunque copie stereofoniche). Sulla matrice è incisa la data 19/11/1970

1970 1ª edizione Produttori Associati PA/LPS 34
2ª tiratura copertina ocra (ultime copie distribuite). Busta interna con i testi delle canzoni corretti. Label con logo P.A. 270° con l'aggiunta della scritta STEREO. Sulle matrici è incisa la data 19/11/1970

1970 2ª edizione Produttori Associati PA/LPS 34
1ª tiratura copertina con fotografia di De André in bianco e nero e con le scritte in verticale. Label con logo P.A. 180° con la scritta STEREO in alto al centro. Sparisce sulle matrici la data 19/11/1970

1970 2ª edizione Produttori Associati PA/LPS 34
2ª tiratura copertina con fotografia di De André in bianco e nero e con le scritte in verticale. Label con logo P.A. 180° con la scritta STEREO nella parte sinistra sopra la dicitura: 33 GIRI e S.I.A.E. Sparisce sulle matrici la data 19/11/1970

1978 1ª edizione Ricordi SMRL 6230.
Copertina con fotografia di De André in bianco e nero e con le scritte in verticale. Label di colore arancione/bianco.

1978 2ª edizione Ricordi SMRL 6230.
Copertina con fotografia di De André in bianco e nero e con le scritte in verticale. Label di colore azzurra senza la scritta "Dischi Ricordi s.p.a."

1978 3ª edizione Ricordi SMRL 6230
Copertina con fotografia di De André in bianco e nero e con le scritte in verticale. Label di colore azzurra con la scritta "Dischi Ricordi s.p.a."

1983 1ª edizione Ricordi Orizzonte ORL 8918
Copertina trittico chiesa su sfondo azzurro. Label di colore blu (con varie tonalità) senza la scritta "Dischi Ricordi s.p.a."
Assenza del codice a barre sul retro della copertina

1983 2ª edizione Ricordi Orizzonte ORL 8918.
Copertina trittico chiesa su sfondo azzurro. Label di colore blu (con varie tonalità) con la scritta "Dischi Ricordi s.p.a.". Presenza del codice a barre sul retro della copertina

1987 3ª edizione Ricordi Orizzonte ORL 8918 con codice a barre

1987 Ricordi CDRML 6230 CD

1991 Ricordi Orizzonte CDOR 8918 CD

1995 Bmg - Ricordi CDMRL 6498 CD

2002 Bmg - Ricordi 74321974452 CD - 24 bit remastering - cop.

2009 Sony Bmg 88697454682

2009 Gruppo editoriale L'Espresso – 4

2010 Sony Music Rca 8869715151

2011 Sony Music Rca 886979498211 doppio LP a 45 giri

2015 Sony Music - Le grandi collezioni Mondadori. Con libretto inedito

Discografia essenziale di Fabrizio De André

33 giri

1967 **Volume I** (Bluebell, BBLP 39, maggio; versione in mono con copertina marrone apribile)
Ristampe:
Settembre 1967: Bluebell, BBLP 39; versione in stereo con copertina a busta chiusa e primo piano del cantautore (questa sarà la copertina anche delle ristampe successive)
1971: Produttori Associati, PA/LP 39; questa ristampa e le seguenti hanno *La stagione del tuo amore* al posto di *Caro amore*
1978: Dischi Ricordi, SMRL 6236
2009: Sony BMG/RCA, 886975997510; versione in vinile rosso; per errore in copertina è riportata *Caro amore*, ma in realtà sul vinile è presente *La stagione del tuo amore*

1968 **Tutti morimmo a stento** (Bluebell, BBLP 32)
Ristampe:
1970: Produttori Associati, PA/LP 32
1978: Dischi Ricordi, SMRL 62292009: Sony BMG/RCA, 886976090012; versione in vinile giallo

1968 **Volume III** (Bluebell, BBLP 33)
Ristampe:
1970: Produttori Associati, PA/LP 33
1978: Dischi Ricordi, SMRL 6237
2009: Sony BMG/RCA, 88697615141; versione in vinile blu

1969 **Gulliver** (Parlophone, PMCQ 31516; con Gian Piero Reverberi)
Uno dei dischi più rari di Fabrizio De André, che compose le musiche insieme al maestro Gian Piero Reverberi. Colonna sonora dell'omonima trasmissione Rai.

1970 **La buona novella** (Produttori Associati, PA/LP 34)
Ristampe:
1970: Produttori Associati, PA/LP 34; stesso numero di catalogo ma copertina cambiata, da color oro a bianco e nero, con un ritratto di De André; questa è la copertina usata nelle ristampe successive
1978: Dischi Ricordi, SMRL 6230
2009: Sony BMG/RCA, 88697615151; versione in vinile oro

1971 **Non al denaro, non all'amore né al cielo**
(Produttori Associati, PA/LP 40)
Ristampe:
1978: Dischi Ricordi, SMRL 6231

1973 **Storia di un impiegato** (Produttori Associati, PA/LP 49)
Ristampe:
1978: Dischi Ricordi, SMRL 6232

1974 **Canzoni** (Produttori Associati, PA/LP 52)
Ristampe:
1978: Dischi Ricordi, SMRL 6233

1975 **Volume 8** (Produttori Associati, PA/LP 54)
Ristampe:
1978: Dischi Ricordi, SMRL 6238

1978 **Rimini** (Dischi Ricordi, SMRL 6221)

1979 **Fabrizio De André in concerto - Arrangiamenti PFM**
(Dischi Ricordi, SMRL 6244)

1980 **Fabrizio De André in concerto - Arrangiamenti PFM Vol. 2°**
(Dischi Ricordi - Serie Orizzonte, ORL 8431)

1981 **Fabrizio De André** (Dischi Ricordi, SMRL 6281)

1984 **Crêuza de mä** (Dischi Ricordi, SMRL 6308)

1990 **Le nuvole** (Dischi Ricordi)

1996 **Anime salve** (BMG Ricordi)

45 giri

1961 *Nuvole barocche/E fu la notte* (Karim, KN 101; ottobre)
1961 *La ballata del Michè/La ballata dell'eroe* (Karim, KN 103)
1963 *Il fannullone/Carlo Martello ritorna dalla battaglia di Poitiers* (Karim, KN 177)
1963 *Il testamento/La ballata del Michè* (Karim, KN 184)
1964 *La ballata dell'eroe/La guerra di Piero* (Karim, KN 194)
1964 *Valzer per un amore/La canzone di Marinella* (Karim, KN 204)
1965 *Per i tuoi larghi occhi/Fila la lana* (Karim, KN 206)
1965 *La città vecchia/Delitto di paese* (Karim, KN 209)
1966 *La canzone dell'amore perduto/La ballata dell'amore cieco (o della vanità)* (Karim, KN 214)
1966 *Geordie/Amore che vieni, amore che vai* (Karim, KN 215; aprile)
1967 *Preghiera in gennaio/Si chiamava Gesù* (Bluebell, BB 03177)
Ristampa:
1970 Produttori Associati, PA/NP 3177
1967 *Via del Campo/Bocca di Rosa* (Bluebell, BB 03187)
Ristampa:
1971 Produttori Associati, PA/NP 3187
1967 *Caro amore/Spiritual* (Bluebell, BB 03189)
1968 *La canzone di Barbara/Carlo Martello ritorna dalla battaglia di Poitiers* (Bluebell, BB 03193)
1968 *Carlo Martello ritorna dalla battaglia di Poitiers/Il testamento* (Bluebell, BB 03193)
1968 *La canzone di Marinella/Amore che vieni, amore che vai* (Bluebell, BB 03202)
Ristampa:
1971 Produttori Associati, PA/NP 3202
1968 *La ballata del Michè/La guerra di Piero* (Bluebell, BB 03204)
Ristampa:

1971 Produttori Associati, PA/NP 3204

1969 *Il gorilla/Nell'acqua della chiara fontana* (Bluebell, BB 03206)

1969 *Leggenda di Natale/Inverno* (Bluebell, BB 03208)

1970 *Il pescatore/Marcia nuziale* (Liberty Records, LIB 9065)
Ristampa:

1971 Produttori Associati, PA/NP 3211

1971 *La stagione del tuo amore/Spiritual* (Produttori Associati, PA/NP 3189)

1971 *Un matto/Un giudice* (Produttori Associati, PA/NP 3196)

1972 *Suzanne/Giovanna d'Arco* (Produttori Associati, PA/NP 3216)

1973 *Il bombarolo/Verranno a chiederti del nostro amore* (Produttori Associati, PA/NP 3224)

1974 *La cattiva strada/Amico fragile* (Produttori Associati, PA/NP 3236)

1978 *Andrea/Volta la carta* (Dischi Ricordi, SRL 10.863)

1978 *Rimini/Coda di lupo* (Dischi Ricordi, SRL 10.864)

1978 *Avventura a Durango/Sally* (Dischi Ricordi, SRL 10.866)

1978 *Il pescatore/Carlo Martello ritorna dalla battaglia di Poitiers* (Dischi Ricordi, SRL 10.874)

1979 *Il pescatore/Bocca di Rosa* (Dischi Ricordi, SRL 10.901; dal vivo, con la Premiata Forneria Marconi)

1980 *Una storia sbagliata/Titti* (Dischi Ricordi, SRL 10.926)

Concerti

1979 *Fabrizio De André in concerto - Arrangiamenti PFM*
1980 *Fabrizio De André in concerto - Arrangiamenti PFM Vol. 2°*
1991 *1991 concerti*
1999 *De André in concerto*
2001 *Fabrizio De André in concerto volume II*
2001 *Ed avevamo gli occhi troppo belli*
2012 *La Bussola e Storia di un impiegato - Il concerto 1975/76*
2012 *Fabrizio De André + PFM - Il concerto 1978/79*
2012 *L'indiano - Il concerto 1981/82*
2012 *Crêuza de mä - Il concerto 1984*
2012 *Le nuvole - Il concerto 1991*
2012 *In teatro - Il concerto 1992/93*
2012 *Anime salve - Il concerto 1997*
2012 *Mi innamoravo di tutto - Il concerto 1997/98*
2020 *Il concerto ritrovato (con la Pfm). Registrato il 3 Gennaio 1979 alla Fiera di Genova*

Bibliografia essenziale

I vangeli di Fabrizio De André. La buona novella compie 40 anni (Aereostella) mi è servito da guida per la stesura di questo libro. A Riccardo Storti che l'ha scritto vanno il mio grazie e la stima più sinceri.

La bibliografia completa su Fabrizio De André, è giocoforza cospicua. Parte dei volumi riportati di seguito hanno contribuito, col tempo e a diverso titolo, al maturare della mia consapevolezza deandreiana:

Luigi Granetto (a cura di), *Canzoni di Fabrizio De André*, Roma, Lato Side, 1978.

Giuseppe Adduci, *Fabrizio De André*, Gammalibri, 1987.

Gianfranco Baldazzi, Luisella Clarotti, Alessandra Rocco, *I nostri cantautori*, Thema Editore, 1990.

Cesare G. Romana, *Amico Fragile*, Milano, Sperling & Kupfer, 1991.

Doriano Fasoli, *Fabrizio De André. La cattiva strada. Da Carlo Martello a Don Raffaé*, Roma, Edizioni associate, 1995.

Fabrizio De André, Alessandro Gennari, *Un destino ridicolo*, Torino, Einaudi, 1996.

Romano Giuffrida, Bruno Bigoni (a cura di), *Fabrizio De André. Accordi eretici*, Milano, Euresis, 1997.

Fabrizio De André, *Come un'anomalia. Tutte le canzoni*, Torino, Einaudi.

Doriano Fasoli, *Fabrizio De André. Passaggi di tempo. Da Carlo Martello a Princesa*, Roma, Edizioni associate, 1999, 2001.

Luigi Viva, *Non per un dio ma nemmeno per gioco. Vita di Fabrizio De André*, Milano, Feltrinelli.

Pino Casamassima, *Fabrizio De André. La vita, le canzoni, le immagini*, Genova, De Ferrari, 2001.

Guido Harari (a cura di), *Fabrizio De André. E poi, il futuro*, Milano, Mondadori, 2001.

Andrea Podestà, *Fabrizio De André. In direzione ostinata e contraria*, Rapallo, Zona, 2001.

Giangilberto Monti, Veronica di Pietro, *Dizionario dei cantautori*, Milano, Garzanti, 2003.

Riccardo Bertoncelli (a cura di), *Belin, sei sicuro? Storia e canzoni di Fabrizio De André*, Firenze, Giunti, 2003.

Paolo Ghezzi, *Il vangelo secondo De André. Per chi viaggia in direzione ostinata e contraria*, Milano, Ancora, 2003.

Ernesto Capasso, *Poeti con la chitarra. La storia e la letteratura raccontate dai cantautori italiani*, Foggia, Bastogi, 2004.

Guido Michelone, *Fabrizio De André. La storia dietro ogni canzone*, Siena, Barbera Editore, 2011.

Fernanda Pivano, *I miei amici cantautori*, Milano, A. Mondadori, 2005.

Cesare G. Romana, *Smisurate preghiere. Sulla cattiva strada con Fabrizio De André*, Roma, Arcana, 2005,

Massimo Cotto, *Fabrizio De André. Doppio lungo addio*, Reggio Emilia, Aliberti, 2006.

Michele Neri, Claudio Sassi, Franco Settimo, *Fabrizio De André. Discografia illustrata*, Roma, Coniglio, 2006.

Alessandro Sinopoli, *Fabrizio De André. Anime salve*, Milano, Auditorium, 2006. ISBN 88-86784-36-8

Fabrizio De André, *Una goccia di splendore. Un'autobiografia per parole e immagini*, Milano, Rizzoli, 2007.

Elena Valdini (a cura di), *Volammo davvero. Un dialogo ininterrotto*, Milano, Bur, 2007.

Guido Harari, Franz Di Cioccio (a cura di), *Fabrizio De André & PFM. Evaporati in una nuvola rock. Il diario ufficiale della leggendaria tournée*, Milano, Chiarelettere, 2008.

Franco Zanetti, con Claudio Sassi, *Fabrizio De André in concerto*, Firenze-Milano, Giunti, 2008.

Centro Studi Fabrizio De André (a cura del), *Il suono e l'inchiostro*, Milano, Chiarelettere, 2009.

Guido Michelone, *Fabrizio De André - La storia dietro ogni canzone*, Siena, Barbera editore, 2011.

Claudio Sassi, Walter Pistarini (a cura di), *De André talk. Le interviste e gli articoli della stampa d'epoca*, Roma, Coniglio editore, 2009.

Elena Valdini (a cura di), *Tourbook. Fabrizio De André 1975/98*, Milano, Chiarelettere, 2009.

Claudio Sassi, Odoardo Semellini, *Il maggio di Fabrizio De André. Un impiegato, una storia, il poeta*, Milano, Aereostella, 2012.

Altri studi e riferimenti sull'album *La buona novella* si possono rintracciare all'interno dei seguenti volumi:

Antonio Di Gennaro, *L'esperienza del dolore e del sacro nella poesia di Fabrizio De André*, in *Parole scomposte. Poesie*, Napoli, Lettere italiane, 2000.

Monica Andrisani, *Fabrizio De André e la buona novella. Vangeli apocrifi e leggende popolari*, Firenze, Firenze Atheneum, 2002.

Giorgio Gallione, *La buona novella di Fabrizio De André*, Torino, Einaudi, 2002.

Riccardo Succi, *Laudate hominem. Uno studio "sacrilego" su La buona novella di Fabrizio De André*, Milano, Greco & Greco, 2004.

Ettore Cannas, *La dimensione religiosa nelle canzoni di Fabrizio De André*, Tavagnacco, Segno, 2006.

Grazie

a Giorgio Cordini, per la cortese disponibilità.
a Gigi Marinoni, perché c'è sempre e sempre con belle parole.
A Massimo Germini, perché mi prende sul serio
se gli dico che i cantautori erano tutta un'altra cosa.

Finito di stampare nel mese di settembre 2020
a cura di PDE s.p.a.
presso **Print on Web s.r.l.** - Isola del Liri (FR)